OBSERVATIONS

SUR LA CONDUITE

DU MINISTRE

DE PORTUGAL

DANS L'AFFAIRE

DES JÉSUITES.

Traduction d'un Ecrit Italien.

A AVIGNON.

M. DCC. LX.

AVERTISSEMENT.

ON voit bien aujourd'hui que ce n'est pas aux Jésuites qu'on en vouloit dans le Portugal ; c'est à la Religion. Ce qui leur fait bien honneur, c'est qu'il paroît qu'on n'a pas cru pouvoir attaquer la Religion avec succès, si on ne commençoit par eux. Si pourtant il se trouvoit quelqu'un à qui il restât encore contre les Jésuites quelques fâcheuses impressions, on ose assurer que la lecture de ces Observations suffira pour les effacer.

OBSERVATIONS
SUR LA CONDUITE
DU MINISTRE DE PORTUGAL
DANS L'AFFAIRE
DES JÉSUITES.

PREMIERE PARTIE.

LES Princes font hommes : leurs Jugements, par consé-quent, de quelques formalités qu'on les suppofe revêtus, font sujets à l'erreur. Soit ignorance, foit méchan-ceté, de la part de ceux qui concou-rent à les rendre, ces Jugements peu-vent quelquefois être injuftes : mille exemples l'ont prouvé d'avance.

Qu'on fe rappelle celui qu'en donna la Cour même de Rome, fous le pon-

A

tificat de Pie IV. On y fit périr fur un échafaud, comme atteints & convaincus des crimes les plus énormes, les Princes Caraffes, que fon fucceffeur immédiat S. Pie V. déclara innocents, en condamnant Monfeigneur Palantieri, qui les avoit condamnés.

Il faut bien fe garder de conclure que les Princes deviennent injuftes par l'approbation qu'ils donnent à de telles décifions. Quelque injuftes qu'elles puiffent être en elles-mêmes, on ne doit pas penfer que le Prince ait en rien bleffé l'équité. Il les croyoit très-juftes, fans quoi il n'y eût point appofé le fceau de fon autorité; n'y eût-il apperçu que la plus petite ombre d'injuftice. On fait que par eux-mêmes, les Princes ne peuvent pas toujours pénétrer le labyrinthe des affaires; qu'ils ne peuvent, ni tout faire feuls, ni tout voir de leurs propres yeux. S'il arrive qu'ils foient trompés par ceux-là mêmes qui doivent leur montrer la vérité, leur méprife alors n'a rien de coupable; en cela ils ne font que malheureux, & ce malheur eft fouvent inévitable.

Dans l'affaire préfente, Dom Joseph-Sebaftien de Carvalho, premier Miniftre & Favori du Roi de Portugal, fait entendre à Sa Majesté Très-Fidelle que les Jésuites ont usurpé dans les Indes une partie considérable des domaines de la Couronne ; qu'ils ont porté ses vassaux à la révolte ; qu'ils lui ont déclaré la guerre, & qu'ils la soutiennent avec une indicible opiniâtreté : il fait entendre à Sa Majesté que les Jésuites ont armé des mains parricides contre sa Personne sacrée, & que c'est là en effet l'unique source de l'exécrable attentat du 3. Septembre : il lui persuade que leurs maximes portent les Jésuites à assassiner les Rois, à tramer des conjurations, à troubler les Etats ; qu'à cela tendent les différentes épreuves par où on les dispose à la Profession solemnelle ; qu'enfin les Jésuites ont essayé de flétrir la réputation de Sa Majesté par les plus atroces & les plus noires calomnies : toutes ces accusations, il les donne au Roi comme certaines & indubitables : il lui en produit des preuves qui ont un air de légitimité & de vérité : il lui met sous les yeux des livres imprimés à Rome (*par son ordre*) qui les attestent avec la plus grande certitude : il fait appuyer tout cela par gens non suspects : personne ne dit rien de contraire à Sa Majesté,

parce que le Miniftre obfédant le Trône, n'en permet l'accès qu'à qui penfe
& parle felon fes vues : comment un
Prince d'une bonté fi connue, un Prince
auffi éloigné de foupçonner la fraude,
que d'en ufer jamais, pourra-t-il ne
pas croire ces accufations intentées &
foutenues par des hommes réputés hommes de probité ? Et s'il les croit, comment veut-on qu'il ne puniffe pas ?

Que les Jéfuites foient innocents,
tant qu'on voudra ; fi le Roi les croit
coupables de forfaits auffi énormes, il
aura tout le droit imaginable d'ufer à
leur égard de toutes les rigueurs poffibles. Ses réfolutions feront injuftes en
elles-mêmes : mais pour lui il ne ceffera
point d'être équitable, & tout le monde
le penfera de la forte. Car enfin pourra-
ra-t-on fuppofer que la paffion l'anime
contre les Jéfuites, lui qui, jufqu'à ces
derniers temps, les a toujours protégés,
aimés, favorifés plus qu'aucune autre
efpece de Religieux ?

On n'en pourra pas dire autant du
Miniftre : fa haine ancienne & bien
connue pour les Jéfuites, & en général
pour quiconque il imaginoit pouvoir
traverfer fes projets, fon naturel même
& fon caractere, tout ici nous difpenfe

fort de chercher des raisons pour défendre son équité. D'ailleurs lui seul a
mené toute cette affaire ; de sorte qu'à
son égard la tromperie, la fraude ou
la surprise n'ayant pu avoir lieu, ne
peuvent aussi servir à justifier ses intentions. Enfin la suite des faits, dans toute
la conduite de cette affaire, fait soup-
çonner avec fondement qu'il a bien
plus été poussé par la passion, que conduit par l'esprit d'équité. Nous ne le
décidons pas ainsi ; nous demandons seulement qu'on en juge sans passion.

Pour qu'on puisse le faire, nous al-
lons suivre le Ministre à la trace de ses
démarches, & nous en tirerons les con-
séquences qui nous paroîtront mériter
une attention particuliere. Le Public
jugera, & se verra contraint à conclure, ou que les Jésuites ont poussé la
scélératesse au-delà de toute créance,
ou qu'il faut que M. de Carvalho soit
bien injuste pour les charger de tant
de forfaits, dont une scélératesse ordinaire ne seroit pas capable. Dans une
disjonctive de cette espece, il est bien
probable que le Public sera moins porté
à en croire un seul homme du monde,
qu'à se déclarer en faveur d'un Corps
considérable de Religieux. Nous le

prions pourtant de se tenir en garde contre ce préjugé. Que la faveur ne dicte point son jugement; qu'il s'en tienne rigoureusement aux regles de l'équité, & à l'évidence des raisons.

En 1756 les Jésuites cultivoient dans le grand Para & dans le Maragnan les Missions qu'ils y avoient fondées, &, conformément aux Réglements de la Cour, ils les gouvernoient & pour le spirituel & pour le temporel; quand il prit fantaisie au Ministre de Portugal de leur en ôter l'administration temporelle. Cette administration, qui les laissoit dans leur pauvreté, & qui ne leur procuroit, au lieu de richesses, que des fatigues & des travaux immenses, étoit pourtant chere aux Jésuites, soit parce qu'elle tournoit visiblement à l'avantage & à l'accroissement de cette Chrétienté, soit parce qu'elle leur avoit été confiée par les Rois mêmes de Portugal. Ce n'étoit donc pas une usurpation des Jésuites, comme on l'avance dans les Manifestes de Lisbonne. Cependant M. de Carvalho, bien convaincu qu'il feroit en cela beaucoup de peine aux Jésuites, jugea à propos de les dépouiller de cette possession si ancienne & si juste; par où il montra bien dès-lors sa mau-

vaife volonté & fes mauvaifes intentions à leur égard. On ne parloit pourtant point encore des révoltes d'Amérique, dont les Manifeftes ont fait dans
la fuite tant de bruit.

Dans le temps même qu'on chan-
geoit le Gouvernement des Peuplades
Indiennes, fe fit la grande tranfmigra-
tion de la ville du Para au Fleuve Noir,
en exécution du Traité d'échange arrêté
entre les deux Couronnes d'Efpagne &
de Portugal. Les Jéfuites du Maragnan
devoient naturellement avoir de la joie
de ce Traité. Les intérêts de leur Roi,
ceux de leur nation, les leurs propres,
tout s'y trouvoit. Il ajoutoit à leur Pro-
vince fept réductions des plus floriffan-
tes. Pourquoi donc fe feroient-ils mis
en devoir d'en empêcher l'exécution,
comme les en accufent les Manifeftes?
Cela n'eft pas aifé à deviner. Le réel,
c'eft qu'ils donnerent tous leurs foins à
la procurer; c'eft que, là où il y avoit
des Jéfuites, il n'y eut pas ombre de
révolte ou d'émeute. Que fi, durant un
voyage de fix cents lieues, qu'il fallut
faire tout entier en remontant le fleuve
des Amazones, il déferta beaucoup de
rameurs Indiens excédés de fatigues;
fi, à la vue du grand convoi Portu-

A iv.

gais , les Indiens difparurent de leurs Peuplades , pour s'enfoncer dans les forêts ; les Manifeftes ont beau dire que ce fut à l'inftigation des Jéfuites ; ce fut parce que tout homme fuit naturellement le travail , & fur-tout un travail fans récompenfe. Ne diroit-on pas que les foldats parmi nous ne défertent jamais , & qu'à la vue de l'ennemi, les poltrons attendent qu'on les exhorte à fuir ?

Ce fut bien autre chofe au Fleuve Noir : non feulement les Indiens, mais les foldats Portugais eux - mêmes , au nombre de cent vingt-deux, après avoir enfoncé la caiffe militaire & pillé les magafins , fe retirerent fur les terres d'Efpagne. Mais fur tout le rivage de ce fleuve il n'y avoit point de Jéfuites , ces Miffions étant fous la direction des Peres Carmes ; & l'on fait certainement , par le rapport des gens qui s'étoient trouvés préfents à ces troubles, que ce qui avoit mutiné les foldats , c'eft que le Commandant-Général, frere de M. de Carvalho , non content de les traiter avec une extrême rigueur, retenoit encore leur paie ; ce qui les avoit réduits à la derniere mifere & au défefpoir. Quoi qu'il en foit, dans toute cette contrée , encore une fois, il n'y avoit pas un feul Jéfuite. On ne peut donc rendre les Jéfuites refponfables de ce foulévement, beaucoup moins les en faire auteurs, tout ayant été parfaitement tranquille dans les autres parties de l'Amérique Portugaife.

Celui des Indiens des fept Réductions du Paraguai fit beaucoup plus d'éclat encore. Ces infortunés, qui avoient en horreur le nom feul des Portugais, n'apprirent pas plutôt qu'ils devoient paffer fous leur domination, qu'ils coururent aux armes en foule, réfolus à la plus vigoureufe réfiftance. Selon eux, perfonne n'avoit droit de les contraindre à changer de maître; puifque d'eux-mêmes & de leur plein gré ils s'étoient donnés à la Couronne d'Efpagne, & qu'ils fe trouvoient très-heureux fous fon Gouvernement.

Voilà donc cette guerre, dont il a été dit dans les derniers imprimés de Lifbonne, qu'*elle avoit rempli l'univers d'horreur & de fcandale*. Mais d'abord il ne paroît pas qu'on puiffe l'appeller une révolte contre le Roi de Portugal, puifque ces Indiens étoient encore fujets du Roi d'Efpagne. En tout cas, il ne fe trouvoit point là de Jéfuites Portugais, il n'y avoit que des Jéfuires Espagnols. Si ceux-ci eurent quelque part à ce soulévement, ce qui assurément est très-faux, c'étoit à la Cour de Madrid, & non à celle de Lisbonne de les en punir. Etoit-il juste, en ce cas, de faire porter aux Jésuites Portugais la peine due aux Jésuites Espagnols ?

Malgré toutes ces raisons, le Ministre de Portugal irrité au dernier point de ce soulévement, à la tête duquel il s'obstina à voir les Jésuites, & ne voulant mettre aucune différence entre Jésuites & Jésuites, quoique pourtant si différents de nation, de génie & d'intérêts, jugea à propos de décharger sa colere sur les Jésuites Portugais, les seuls en son pouvoir. Le voilà qui débute tout-à-coup par chasser de la Cour les trois Confesseurs, & par faire défense expresse à tout Jésuite d'être assez hardi pour mettre les pieds au Palais. Après ce prélude, il répand dans toute l'Europe ces fameux Manifestes, qui donnent à l'univers les Jésuites comme coupables de révolte formelle contre Sa Majesté Très-Fidelle, & les accusent d'avoir ouvertement soutenu la guerre contre les armées réunies des deux Couronnes. On y avance

bien d'autres chofes, toutes auffi fauffes. Mais ce n'eft point ici le lieu de
les réfuter. Il fuffira de remarquer qu'on
ne put les lire, dans le temps, (eh !
qui ne les lut pas ?) fans s'appercevoir
que le Miniftre préparoit contre les Jéfuites quelque coup d'éclat ; & qu'on
ne peut encore s'en fouvenir, fans fen-
tir que dès-lors l'exil de ces Peres étoit
déjà arrêté. S'agifloit-il donc alors de
l'attentat du 3. Septembre ? il ne fe
commit qu'un an après.

Dans l'exécution, le projet de chaffer les Jéfuites ne pouvoit manquer de
déplaire à la nation, qui leur fut de
tout temps très-attachée, & de donner
lieu à bien des raifonnements. Le Miniftre jugea donc qu'il falloit auparavant faire décheoir ces Peres de ce haut
point de réputation dont ils jouiffoient,
& pour cela les placer dans un point
de vue propre à leur attirer la haine &
l'horreur publique. Lui feul il ne pouvoit en venir à bout ; il appelle donc
à fon fecours l'autorité même du Souverain Pontife : il obtient de Benoit XIV,
prefque moribond, un Bref qui crée le
Cardinal de Saldagna Vifiteur & Ré-
formateur de la Compagnie de Jesus
dans toutes les terres & domaines de

la Couronne de Portugal. Voyons quel usage on [fit de ce Bref, & quelle fut cette réforme.

Le Bref fut expédié le premier jour d'Avril 1758, & ne put parvenir à Lisbonne qu'à la fin du mois. Peu de jours après, c'est-à-dire, le 15. Mai, le Cardinal Visiteur fait imprimer un long & savant Décret, & cela pour déclarer que tous les Jésuites actuellement existants dans les pays soumis à la Couronne de Portugal, en Europe, en Asie, en Afrique, en Amérique, exercent un commerce public & scandaleux. Ce Décret, on l'envoie de tous côtés, on le traduit en toutes les langues. Ainsi un Bref Apostolique, demandé pour la Réforme des Jésuites, n'eut d'autre effet que de les diffamer. Ce ne fut qu'avec la plus criante injustice, comme on le prouveroit de mille manieres : mais il suffira d'observer que, malgré les plus scrupuleuses recherches, le Cardinal Visiteur n'a jamais pu trouver chez eux aucun de ces livres de compte, sans lesquels ne peut subsister aucun vrai négoce, ainsi que lui-même l'a avoué.

En conséquence de ce Décret, le Cardinal Patriarche, suivant les intentions & les ordres de la Cour, interdit les Jésuites du ministere du sacré Tribunal & de la Chaire dans tout le Patriarchat, malgré toutes les Bulles Apostoliques, qui défendent expressé-ment aux Evêques d'interdire des Communautés entieres de Religieux. Bien plus, passant par dessus toutes les regles du droit commun, il les soumet à une peine si grave, sans leur avoir fait signi-fier sur quels chefs ils auroient à se défendre, bien-loin de leur permettre de le faire. Et parce que le Nonce avoit choisi son Confesseur parmi eux, le Jé-suite est aussi-tôt chassé de Lisbonne. L'attentat du 3. Septembre n'étoit pourtant encore que dans l'avenir.

Quelque irrégulieres que fussent tou-tes ces démarches, elles ne laissoient pas de faire quelque impression sur les esprits du vulgaire, qui y appercevoit mêlée l'autorité de l'Eglise; & le Mi-nistre avançoit vers son but. Il n'étoit pourtant pas content : quelque couleur qu'on tâchât de donner aux procédures faites à Lisbonne, on savoit bien d'où elles partoient; & la plus saine partie des Portugais conservoit encore aux Jésuites l'estime dont ils les avoient toujours honorés. Que fait donc le Mi-nistre ? il gagne un essain d'Abbés en dettés & de Moines ambitieux, qui depuis peu animés, à ce qu'il paroît, de l'efprit Janfénifte, s'étoient ligués à Rome contre les Jéfuites, & avoient fait beaucoup d'efforts inutiles pour en décréditer la morale. Il n'oublie ni bienfaits ni promeffes, pour les engager à entrer dans fes vues, & à le feconder dans fon deffein de diffamer la Compagnie. C'étoit les inviter à une partie de plaifir. Ces gens-là n'avoient eu jufqu'ici rien de commun avec le Portugal ; les voilà pourtant tout-à-coup Portugais envers & contre tous.

Mais ont-ils bien fervi la haine du Miniftre ? La prodigieufe quantité de livres imprimés à Rome en fait foi. Dans ces libelles on a rebattu mille fois, on a furpaffé même tout ce que la rage des Hérétiques leur avoit dicté contre la Compagnie. On affecte d'y toucher les points les plus délicats & les plus capables d'alarmer & Princes & fujets, & de leur donner de l'ombrage contre elle. Pour appuyer toutes ces calomnies, partoient de Rome chaque ordinaire mille fauffes nouvelles pour tourner & prévenir les efprits contre les Jéfuites. En un mot, les chofes allerent au point que le Souverain Pon-

tife Clement XIII. crut en devoir démentir les Auteurs tous à la fois , &
écrivit à fon Nonce en Efpagne , que
c'étoit là l'ouvrage du libertinage &
de l'envie, pour décréditer un Corps fi
utile à l'Eglife. Ils furent auffi démentis
de la maniere la plus folemnelle par
le Confeil fouverain de Caftille & par
le Tribunal de l'Inquifition d'Efpagne :
le premier fit brûler par les mains de
l'Exécuteur ce tas de libelles ; & le
fecond défendit de les lire ou de les
garder , fous peine d'excommunication.

Arrive enfin la funefte nuit du 3.
Septembre , que quelques fcélérats
avoient choifie pour attenter à la Perfonne facrée de Sa Majefté Très-Fidelle. Le crime étoit des plus atroces ;
mais rien ne pouvoit être plus à propos pour l'ancien projet du Miniftre.
Il trouvoit là le prétexte le plus fpécieux pour perdre les Jéfuites. Mais
qu'on remarque bien dans quelles for-
mes il procéda contre eux.

Le 11. Janvier au foir, tandis qu'on
difpofoit déjà les infames affaffins au
dernier fupplice , qu'ils fubirent en
effet le lendemain, on faifit & on traîne
en prifon dix Jéfuites des plus refpec-
tables qui fuffent à Lisbonne par leur

âge, leurs emplois & leur vertu; & le jour fuivant 12. on rend public le procès, dont un article porte, qu'il eft très-certain & bien prouvé, que les Jéfuites font complices du parricide, & qu'ils font même les principaux chefs de la conjuration. Ce procès imprimé eft envoyé dans toutes les Cours. Qui croiroit qu'alors on n'avoit pourtant point encore fait prêter l'interrogatoire à aucun Jéfuite, bien-loin d'avoir fait les confrontations requifes avec les vrais coupables? qui croiroit que ceux - ci n'avoient pas dit un mot qui pût aller à charger les Jéfuites? C'eft pourtant ce qu'on avoue dans les imprimés fuivants ; puifqu'on y attribue le filence obftiné des criminels aux fauffes décifions des Jéfuites, qui leur avoient appris, dit-on, qu'un criminel n'eft point obligé à révéler fon complice.

Ainfi un crime, qui ne fut qu'un crime de pures paroles, tel qu'on fuppofe celui des Jéfuites, un crime que pouvoit prouver feule la dépofition de ceux qui les euffent entendues, on nous le donne ici comme parfaitement prouvé; quoique ceux qui feuls euffent pu les entendre, n'en aient pas dit le moindre mot. Quiconque réfléchira à tout cela, pensera nécessairement qu'à Lisbonne la Justice à l'égard des Jésuites est toute différente de celle du reste de l'univers.

En effet, pour peu qu'on examine ce procès, on dira sans doute avec le plus grand étonnement : Quoi donc ! on veut ici établir un sentiment tout-à-fait inoui ; savoir, que, dans cette espece de délit, si les preuves viennent à manquer, les simples présomptions peuvent & doivent en tenir lieu, à moins que l'accusé ne vienne à bout de prouver le vrai coupable ? Ensuite cette maxime si notoirement fausse, on l'applique encore plus mal ; parce qu'on n'allégue contre les Jésuites que les présomptions les plus vagues, & dès-là les plus vaines, qui, ou ne prouvent rien, ou prouvent leur innocence. Ainsi en ont jugé tous ceux qui les ont examinées. On doit pourtant bien penser que celui qui a rédigé les pieces n'a rien oublié de ce qu'il croyoit pouvoir être tourné en preuve, bonne ou mauvaise, contre les Jésuites.

Après environ un mois de travail & d'application, vient un autre procès en supplément du premier. Mais c'est bien ici que le Public ne put dissimuler fa furprife. Il attendoit les preuves les plus claires & les plus preffantes ; & voilà qu'on lui préfente une efpece de differtation dans le ton de l'Ecole contre la morale, contre les maximes , contre le gouvernement prétendu myftérieux & fecret des Jéfuites. Là il trouve que, de certaines décifions d'un de leurs Cafuiftes, imprimées un fiecle auparavant, on veut conclure que les Jéfuites ont trempé dans l'attentat du 3. Septembre, & qu'ils en ont même été les principaux auteurs. Ce fecond procès ne parut pas plutôt, que tout le monde fentit qu'il falloit bien qu'on manquât de bonnes raifons , pour en apporter de fi peu concluantes & fi éloignées du fond de la caufe.

Mais quelque foibles, ou plutôt quelque nulles qu'elles fuffent, quant au fait à prouver, elles n'étoient que trop propres au deffein du Miniftre. Il fe propofoit de chaffer les Jéfuites ; il falloit donc faire paroître coupables, non deux ou trois Jéfuites , mais tous les Jéfuites fans exception. Il falloit prouver qu'il fuffit d'être Jéfuite, pour être criminel. Tout cela ne pouvoit s'exécuter qu'en prouvant , tant bien que mal , que la morale des Jéfuites eſt pernicieuſe, que leurs maximes les portent à la ſédition, leur gouvernement ſecret aux trahiſons, aux conjurations ; qu'enfin toute la Compagnie eſt un Corps infect & corrompu, ainſi qu'a prétendu le prouver l'Abbé Couet, fameux Janſéniſte. On ne ſauroit en diſconvenir, la choſe étoit bien penſée. Il y a à parier que Rome fut le ſol de cette admirable production. Mais, malgré tant de belles choſes, ſi l'on n'a point de meilleures preuves à donner, le Pere Malagrida eſt innocent.

On publie enfin l'Edit du banniſſement des Jéſuites. Combien de choſes n'offre-t-il pas, bien dignes d'obſervation ! D'abord, quel étonnement qu'un Miniſtre ſi jaloux de la gloire & de l'honneur de ſon Maître, avant de faire ſigner cet Edit au Roi, n'en ait pas mieux peſé la teneur !

On y décide nettement que les Jéſuites de Rome ſont encore plus coupables que les Jéſuites de Portugal : *Ils ont enchéri ſur les crimes exécrables des Jéſuites Portugais.* Mais en quoi encore, & comment ? *En répandant mille impoſtures, mille calomnies contre la haute réputation de Sa Majeſté Très-Fidelle.* Suppoſons pour un inſtant que la chofe foit ainfi ; fe trouvera-t-il quelqu'un, pour cela, qui veuille bien fe laiffer perfuader que mal parler d'un Prince, foit un plus grand crime que de fe révolter formellement contre lui, que d'attenter à fa perfonne, que de lui tirer deffus ? D'ailleurs, ces impoftures, ces calomnies avancées à Rome par les Jéfuites, comment les a-t-on vérifiées à Lisbonne ? quelles en ont été les preuves ? quelle certitude en a-t-on eu ? C'eft que Dom Almada, Ambaffadeur de Portugal, l'a écrit de Rome. Voilà toute la preuve : Dom Almada a écrit à M. de Carvalho, fon parent ; la preuve eft convaincante : car fans doute que ce Dom Almada eft un homme d'un talent rare, d'une fageffe encore plus rare, & d'une probité fans égale. On n'ignore pourtant point que Dom Almada eft furieux contre les Jéfuites, que Dom Almada ne hante que les ennemis des Jéfuites, que Dom Almada ne goûte de difcours que ceux qui déchirent les Jéfuites. Le rapport de Dom Almada ne devoit donc être ici d'aucun poids.

Dira-t-on que non feulement il l'a écrit, mais qu'il en a encore envoyé à Lifbonne des preuves authentiques,

» qu'il a même envoyé le corps de délit, » en y faisant passer certaines brochures, » certains écrits, qu'on avoit donnés à » Rome sous le titre de Défense des Jésuites ? Mais, outre qu'on n'y trouve pas le plus petit mot qui touche de près ou de loin à l'honneur de Sa Majesté Très-Fidelle, comment prouveroit-on que les Jésuites en sont les Auteurs ? Les Jésuites après tout n'ont-ils plus aujourd'hui d'amis, dont l'attachement les intéresse pour eux, & les engage à prendre la plume pour leur défense ? Je dis plus : comment prouveroit-on que ce n'est pas là l'ouvrage de quelque ennemi rusé des Jésuites, qui, par cette voie sourde, a voulu les rendre toujours plus odieux à la Cour de Portugal ? comme si nous n'avions pas d'autres exemples tout récents de ces especes de coup-fourrés. Il est donc toujours vrai qu'à Lisbonne on ne s'assure ni du crime ni de son auteur, avant d'en assurer le Public.

Remarquons-le en passant : quelle ne doit pas être l'innocence des Jésuites de Portugal ? On avoue qu'ils sont moins coupables que les Jésuites de Rome, qui pourtant dans le fort de ce furieux incendie n'ont rien perdu de leur tranquillité,

qui à tant de sanglantes satyres n'ont pas
fait la moindre réponse; qui ne se dépar-
tant point de cette modestie si convenable à leur Profession, ont su souffrir & se
taire, comme tout Rome peut en rendre
témoignage. Si après cela dans Rome on a
parlé de la Justice de Lisbonne d'une maniere désavantageuse ; si dans les cercles
on y a blâmé son Gouvernement, ainsi
que l'assure l'Auteur de l'Appendice ; si
outre cela la plus grande partie de la
Prélature & de la Noblesse Romaine,
sur-tout dans les maisons des Princes,
s'est déclarée en faveur des Jésuites,
comme s'en plaint amérement le même
Auteur ; en fera-t-on un crime aux
Jésuites ? Ce seroit assurément bien ou-
trer le prétendu crédit des Jésuites, si
l'on vouloit faire croire que par leurs
discours ils fussent venu à bout, dans
une si grande ville & dans une nation si
éclairée, de tourner tous les esprits contre la Cour de Portugal, si les irrégularités des procédures du Ministre n'eus-
sent été bien frappantes. Quoi donc !
étoit-il besoin que les Jésuites les fissent
appercevoir ? A Rome étoit-il quelqu'un
qui ne pût les compter ? Et dès-là un
peuple si généreux & si équitable pouvoit-il s'empêcher de se déclarer haute-

ment en faveur de l'innocence opprimée?

Fût-il arrivé que parmi les Jéfuites de Rome, qui font au-delà de quatre cents, quelqu'un fe fût échappé à quelque parole un peu moins mefurée fur le compte du Miniftre de Portugal ; en vérité la faute eût été pardonnable. Ce qu'on peut affurer, c'eft qu'aucun d'entr'eux n'y eft tombé à l'égard du Roi, pour la Perfonne de qui tous ont & auront certainement toujours un refpect infini. Suppofé qu'ils euffent voulu publier quelque juftification , ils auroient apparemment donné quelque chofe d'un peu meilleur que toutes ces miférables brochures & ces ténébreux écrits. Tout au plus les Jéfuites auront pu dire du Roi ce qu'on en dit communément, favoir, que le Roi a été mal informé , qu'il a même été trompé. N'eft-ce pas là un malheur commun à tous les Princes ? Et s'ils viennent à être induits en erreur, n'eft-ce pas pour eux la meilleure excufe ?

M. de Carvalho voudroit peut-être qu'on ufât envers lui de la même réferve. Il paroît même exiger qu'on ne mette aucune diftinction entre fa perfonne & la Perfonne facrée de Sa Majefté. Tout difcours contre *le très-heu-*

reux & très - glorieux Gouvernement , c'eſt-à-dire contre lui, doit, ſi on l'en croit, être regardé comme une injure faite au Roi , & doit être puni comme un crime de léſe-Majeſté. Mais en vérité , voilà une prétention bien étonnante , pour ne pas dire ridicule. Il y aura toujours , & on la verra bien, une grande différence entre le Roi & ſon Miniſtre. Toutes les bouches s'accorderont toujours à donner à Dom Joſeph Ier. Roi de Portugal les louanges qui lui ſont dues , pour ſon naturel toujours porté à la douceur , pour ſa clémence inépuiſable , & pour la droiture de ſes intentions ; au lieu que nous ne ſavons gueres comment les ſiecles ſuivants pourront parler de Dom Joſeph-Sebaſtien de Carvalho , ſon Miniſtre. Mais revenons à l'Edit.

On y apprend à tout l'univers que *les Jéſuites ſont corrompus d'une maniere déplorable, quant au Corps qui conſtitue le gouvernement de la Compagnie , & même quant aux loix par leſquelles elle ſe gouverne ; bien différents en cela de tous les autres Ordres Religieux , qui ſe ſont toujours maintenus dans une louable & édifiante régularité.* Ici on demandera ſans doute & on ſera très-empreſſé de ſavoir

comment

comment le Ministre de Portugal a pu porter ce jugement sur tout le Corps de la Compagnie, & sur tous les autres Corps Religieux. Après quoi l'on conclura sans balancer que M. de Carvalho avance bien des choses qu'il ne sait point, & qu'il ne peut même savoir ; & qu'en les mettant dans la bouche de son Roi, il lui fait bien plus de tort que n'auroient pu lui en faire tous les Jésuites de Rome.

Dans un article, le Ministre fait dire au Roi que *parmi les Jésuites il est vraisemblable qu'il peut s'en trouver quelques-uns qui ne soient pas coupables, par la raison que, n'ayant point passé par les épreuves nécessaires, on ne les a pas encore trouvés capables d'entrer dans la confidence des horribles secrets de ces abominables conjurations & des crimes les plus infames.* Il suppose donc que passer par les épreuves usitées dans la Compagnie, pour être admis à la Profession des quatre vœux, est la même chose que se former aux trahisons, aux conjurations ; & qu'être ensuite admis à cette Profession, c'est être initié aux plus grands crimes. Mais, au jugement de qui que ce soit, n'est-ce pas en trop

B

dire ; & une telle affertion ne frife-t-elle pas l'impiété ?

Dans un autre endroit, on fait dire au Roi que *les Jéfuites ont ufurpé une grande partie du Brefil, & y ont fait des progrès fi rapides, que fi on leur en eût donné le temps, dans dix ans & même moins, ils l'auroient rendu inacceffible, & fe feroient mis en état d'y réfifter aux forces réunies de toute l'Europe.* Mais qui ne voit en ceci une exagération pouffée jufqu'à l'incroyable ? Quoi ! dans dix ans & même moins, toutes les forces de l'Europe n'auroient pu chaffer de ce pays les Jéfuites ; & cette année le Roi de Portugal ayant jugé à propos de les en chaffer, n'a pas même eu befoin pour cela de la petite & miférable troupe qui fe trouvoit fur les lieux ; il ne lui en a coûté qu'un figne de fa volonté, & les Jéfuites n'ont pas fait la moindre réfiftance.

On dit de plus (toujours par la bouche du Roi) que les Jéfuites ont de tout temps été favorifés, comblés de bienfaits, diftingués *au-deffus de tous les autres Ordres Religieux*, non feulement par le Roi actuellement régnant, mais encore par fes Auguftes Prédéceffeurs, jufqu'à les vouloir toujours auprès du

Trône. Rien de plus vrai ; auſſi les Jéſuites en conſerveront-ils éternellement
les plus vifs ſentiments de la plus juſte
reconnoiſſance. Enſuite, un peu plus
bas, on fait ajouter au Roi que *les
malheureuſes expériences de près de deux
ſiecles ont fourni une démonſtration de la
derniere évidence que la conſervation &
la paix de l'Etat ne peuvent ſubſiſter, ſi
l'on y ſouffre les Jéſuites.* Pourra-t-on
ne pas voir ici une contradiction pal-
pable, & ſera-t-il aiſé de concilier ces
deux textes ? Comment a-t-il pu arriver que, malgré des expériences ſi dé-
monſtratives & ſi évidentes, les Auguſtes Prédéceſſeurs du Roi de Portugal
& Sa Majeſté elle-même aient néanmoins, je ne dis pas ſouffert, mais
flatté, mais diſtingué, mais placé à
l'ombre du Trône des gens ſi pervers ?
Le comprenne qui pourra. Paſſons au
diſpoſitif de l'Edit.

Tous les Jéſuites actuellement exiſ-
tants dans les pays ſoumis à la Couronne de Portugal dans les quatre parties
du monde ſont par cet Edit déclarés
*traîtres, rebelles, aggreſſeurs du Roi,
ennemis de S. M. & de l'Etat;* & comme tels, on les chaſſe de leur Patrie,
on les bannit, on les proſcrit. Bien

plus, par une rigueur inouie & fans exemple, défenfe eft faite à tout Portugais, fous peine de mort irrémiffible, d'avoir, fans une commiffion fpéciale de S. M. aucun° commerce de vive voix ou par lettres avec aucun de ces bannis, dans quelque pays qu'il puiffe fe trouver. Seulement, par une clémence rare & à titre de pure compaffion, on veut bien permettre en particulier aux Jéfuites non-Profès, qui pourroient fe trouver innocents, comme n'ayant point trempé dans les fecretes & criminelles menées de leurs Supérieurs, on leur permet, dis-je, de demeurer dans les Etats de S. M. T. F. à condition toutefois qu'ils obtiendront inceffamment du Cardinal Vifiteur la difpenfe de leurs vœux de Religion. Nous parlerons plus bas de cette rare clémence.

En exécution de ce terrible Edit, tous les Jéfuites Profès, & même les Freres Lais, à qui apparemment la Compagnie ne cache point les importants fecrets des conjurations, font en effet chaffés de tout le Portugal. Et pour qu'il ne foit pas dit qu'on y faffe rien en regle par rapport aux Jéfuites, on ne fe contente pas de les exiler, en

leur fixant fimplement , comme on fait
ailleurs , un temps , au-delà duquel leur
féjour ne pourra s'étendre ; mais, de
leurs maifons , par le plus court che-
min , on les conduit droit au vaiſſeau,
& on les jette par centaines ſur les cô-
tes d'Italie , où l'on prétend les confi-
ner: comme fi la Cour de Portugal avoit
quelque droit de commander dans les
autres Etats.

Inſtruit d'une rigueur fi outrée contre un Corps Religieux , toujours fi
cher à l'illuſtre Nation Portugaiſe , &
fi aimé de fes Rois , réfléchiſſant enfuite ſur les différentes raiſons qu'on
en apporte , le Public y donnera-t il
fon approbation ? Il ne paroît pas qu'on
doive s'y attendre. Il ne manquera pas
de dire : Si les Jéſuites ont réellement
concouru à l'attentat du 3. Septembre ,
pourquoi n'en donne-t on pas des preuves qui aillent à la conviction ? Pourquoi le Miniſtre de Portugal ne fuit-il
pas l'exemple du Parlement de Paris ,
qui jugea très-convenable d'inſtruire le
Public , dans le plus grand détail , de
tous ceux qu'avoit chargé l'infame
Damiens ; quoiqu'il fût d'une très-vile
& abjecte condition , & que fon crime
fût très-conſtant ? Pourquoi , au lieu

d'éclaircir la vérité, ce Miniftre fem-
ble-t-il vouloir l'obfcurcir toujours davantage ?

Que deux ou trois Jéfuites y euffent
véritablement eu part , feroit-ce donc
une raifon fuffifante pour les extermi-
ner tous ? Si l'on vouloit abfolument
les punir tous , parce qu'ils font de la
même efpece que les deux ou trois fup-
pofés coupables ; pour agir conféquem-
ment , on devoit donc s'en prendre à
toute l'efpece humaine , puifque enfin
les véritables coupables étoient des
hommes. Pourquoi du moins ne chaf-
foit-on pas du Portugal tous les Portugais , tous les citoyens de Lifbonne ,
tous ceux qui compofent à Lifbonne le
Corps de la Nobleffe ? n'eft-ce pas de
cette Nation , de cette Ville , de ce
Corps, que font fortis les affaffins ?
Quoi qu'on puiffe dire , ce fera toujours l'injuftice du monde la plus criante de punir quantité d'innocents à l'occafion de quelques coupables , quoique
les uns & les autres forment un même
Corps moral. Jamais nation un peu
cultivée ne donna pareil exemple de
barbarie. Lorfque le trop fameux Frere
Jacques Clément, de l'Ordre célebre de
St. Dominique , ôta la vie à Henri III.

Roi de France , (unique exemple
d'un Religieux affaſſin d'un Roi)
le parricide , non feulement prouvé ,
mais pris fur le fait, fut à l'inſtant mis
en pieces ; après quoi fon feul Prieur
fut exécuté, & on ne s'aviſa pas de traiter en coupables tous les Jacobins.

Au défaut d'autres preuves contre les
Jéfuites , on veut en tirer de leur doctrine , de leurs maximes, de leur Gouvernement. Mais ces maux étant auſſi
invétérés que l'aſſure l'Edit , & auſſi
anciens que la Compagnie même ;
comment de tant de Rois , de tant de
Miniſtres , perfonne ne s'en eſt-il apperçu avant M. de Carvalho ? Comment S. M. T. F. ce Prince d'un dif-
cernement fi connu , ne s'en eſt-il pas
apperçu lui-même , & a-t-il continué ,
depuis fon enfance jufqu'à ces derniers
temps , à fe confeſſer à un Jéfuite ? Il
y a plus : fi ces maux ont infecté tous
les Jéfuites , au point qu'on puiſſe affurer, comme on fait ici, que *tout le
Corps eſt corrompu d'une maniere déplo-,
rable* ; d'où vient que cependant les
Souverains Pontifes, depuis Paul III.
qui approuva la Compagnie , jufqu'à Clément XIII. qui regne aujour-
d'hui, tous fans exception en ont fait

B iv

les plus grands éloges, jufqu'à lui
donner le glorieux titre de *Corps très-
utile à l'Eglife*; ce qui eft bien oppo-
fé à ce qu'en dit l'Auteur de l'Appendice? Il feroit bien aifé pourtant de le
lui démontrer, en parcourant les temps,
depuis la naiffance de cette Compagnie,
fi nous penfions qu'un Auteur qui n'é-
crit que des injures groffieres méritât
une réponfe.

Si cette contagion eft fi ancienne,
fi elle a gagné tous les Membres; comment tant de Princes fi clairvoyants,
comment tant d'Evêques, dont le zele
égaloit la fageffe, n'en ont-ils rien foupçonné? comment les fouffrent · ils dans
leurs Etats, dans leurs diocefes? comment les emploient-ils au gouvernement
des ames & de la leur propre; & comment difent-ils qu'ils s'en acquittent à
leur fatisfaction? Qu'on exagere tant
qu'on voudra la prétendue politique des
Jéfuites; aucun artifice humain ne fauroit atteindre à tromper tout le monde,
encore moins à le tromper fi long-temps.

On prétend que la morale des Jéfuites eft une morale relâchée. Mais,
outre que parmi eux les fentiments ne
font pas uniformes, & qu'il eft fort
libre à chacun d'embraffer celui qu'il

croit sûr & vrai ; comment prouve-t-on ce qu'on avance ? Y auroit-il de l'équité d'apporter en preuve ce qu'en ont écrit les Janséniftes, ou quelque Auteur tel que Concina ? Tant que le S. Siege, à qui il appartient d'en connoître, faura quelle eft la doctrine des Jéfuites, tant qu'il la permettra, tant que les faits montreront qu'il l'approuve ; feroit-il jufte d'en croire les derniers libelles de Rome ? Eft-il quelqu'un affez fimple ou affez peu équitable pour condamner les Jéfuites fur ce qu'on lit dans ces miférables écrits, fi décriés, que l'envie a enfantés, & dont la médifance ou plutôt la calomnie & les injures fournifent tout le fond ? Tant que l'Eglife ne prononce point, perfonne n'a droit de cenfurer une doctrine foutenue par des Docteurs Catholiques ; & quiconque la cenfure, s'arroge une autorité qu'il ne fauroit avoir. Nous le dirons en paffant, n'eft-il pas bien étonnant que les Jéfuites conduifent les ames, comme on veut le perfuader, par la voie large d'une morale accommodante ; & que ceux qu'ils conduifent fuivent néanmoins la voie la plus étroite, aient les mœurs les plus pures, menent la vie la plus édifiante , & fer-

B v

vent pour l'ordinaire de modele dans leur condition ?

On veut encore que les maximes des Jésuites soient pernicieuses aux Princes & à leurs Etats. Mais pourquoi extraire ce qu'on donne pour leurs maximes d'un ancien Casuiste, & non pas plutôt de Bourdalouë, de Croiset de Rodriguez, de Louis Dupont, de Persons, de Segneri, & de semblables Ecrivains de la Compagnie, qui dans leurs ouvrages ont montré la voie de la plus parfaite vertu chrétienne ? Si, avant la condamnation de quelque erreur en fait de morale, cet ancien Casuiste ou quelque autre Ecrivain Jésuite y est tombé, voudra-t-on conclure que cette erreur a tout-à-coup passé en maxime commune à tous les Jésuites ? Des Auteurs, & même plusieurs Auteurs des autres Ordres ne sont-ils pas tombés dans des erreurs pareilles, & dans de plus considérables encore, sans que pour cela on en ait attribué le malheur, la honte ou le crime à chaque Membre de ces Ordres ?

Pour ce qui regarde le Gouvernement secret de la Compagnie, quelle n'est pas la surprise quand on voit un grand Ministre, en qui tout le monde s'accorde à reconnoître un discernement exquis,

être affez fimple pour donner dans une
fable puérile de cette efpece , & pour
en faire comme la bafe d'un Edit qui devoit faire & qui a fait tant d'éclat ! Elle
fut l'ouvrage de quelque tête échauf-
fée dès la naiffance de la Compagnie;
dès-lors auffi elle fut pour les fages un
objet de dérifion, & jamais ne trouva de
créance que chez les fots. Quoi qu'il en
foit , perfonne n'eft plus à portée de
s'éclaircir fur ce point que M. de Carvalho. Les archives de tous les Jéfuites
de Portugal font entre fes mains. Qu'il
life donc à loifir toutes les lettres de
leurs Généraux, qu'il les parcoure ; qu'il
les faffe imprimer telles qu'elles font, à
commencer par celles de S. Ignace, pour
finir par celles du Pere Ricci. Alors on
pourra s'affurer fi dans le Gouvernement
prétendu fecret des Jéfuites, il y a quelque chofe de plus que ce qu'ont ap-
prouvé les Souverains Pontifes par leurs
Conftitutions. Mais non , Mr. de Carvalho ne fera pas cette grace aux Jéfuites. Il y ira bien plutôt déterrer quelque chofe qui tourne s'il fe peut à leur
déshonneur. Il pourra fans doute y voir
les fautes de quelques Particuliers ,
puifque pour être Jéfuite on ne ceffe
pas d'être homme. Mais auffi , comme

on écrit tout parmi eux, il y trouvera que, quand elles font prouvées, les fautes ne demeurent pas impunies. Il y apprendra que la Compagnie s'eft purgée de beaucoup de Sujets, pour des défauts qu'on auroit peut-être tolérés dans quelques autres Communautés.

C'eft ainfi que raifonne dans le Public quiconque fait un peu raifonner; & l'on conclut que dans fes différents chefs d'accufation, M. de Carvalho a tout outré. Mais précifément, pour avoir voulu prouver trop, il n'a prouvé autre chofe qu'une détermination bien arrêtée dans fa volonté de chaffer à tout prix les Jéfuites, & de s'emparer de leurs biens. Sa conduite rappelle à tout le monde la fable du loup, qui dit d'abord : Il faut que je dévore cet agneau; & qui chercha enfuite des prétextes pour le dévorer.

M. de Carvalho s'eft mis dans l'efprit de perfuader l'univers que la Compagnie de Jesus eft un Ordre entiérement tombé, & le pire de tous les Ordres : mais il ne paroît pas qu'on foit fort difpofé à l'en croire fur fa parole; & on ne l'en croira point en effet, tant qu'on ne verra point parmi les Jéfuites certains défordres qu'on ne laiffe pas de remarquer quelquefois dans certaines de ces Communautés *qui se sont toujours maintenues dans une louable & édifiante régularité.* Il veut donner à penser que les Jésuites sont gens inutiles & même pernicieux au Public : mais il n'est pas jusqu'au vulgaire le plus grossier, qui, voyant le fruit de leurs travaux continuels pour le bien du prochain, ne dise précisément le contraire. Sur toutes choses, il s'est proposé de mettre les Princes en défiance des Jésuites, comme de gens qui ne roulent dans leur tête que trahisons, que séditions & conjurations : mais les Princes savent bien qu'ils n'ont & n'eurent jamais de Sujets plus soumis & plus fideles.

Cette fidélité ne peut manquer d'être sur-tout bien connue aux Rois de Portugal ; puisqu'à l'occasion des travaux des Jésuites dans le nouveau monde cultivé par leurs soins, arrosé de leurs sueurs & de leur sang, ces Monarques se sont fait un nombre innombrable de Sujets parmi ces Peuples, qui jusques-là dispersés dans les forêts, ne connoissoient point de maître ; & par-là ils ont étendu leurs conquêtes & le commerce de leurs anciens Sujets dans l'Afrique &

dans l'Asie. Quelle merveille après cela, que ces Princes aient favorisé &
distingué la Compagnie au dessus des
autres Ordres ? En un mot, à force d'en
trop dire pour décréditer les Jésuites,
M. de Carvalho n'y a pas réussi ; & mon-
trant sa passion trop à découvert, il
laisse à douter avec raison de la justice des procédures faites contre eux par
son ordre & selon ses vues.

En effet, tout appuyées qu'elles sont
des libelles de Rome, on ne s'apperçoit pas que ces procédures aient fait
quelque impression désavantageuse aux
Jésuites sur la plus considérable & la
plus saine partie du Public ; à moins
qu'on ne veuille entendre par-là une
troupe de Fanatiques qui ne raisonnent
pas, ou certains Religieux en très petit
nombre, qui depuis très-long-temps
nourrissent contre les Jésuites une haine
envenimée, dont ils seroient bien en
peine de donner quelque raison plausi-
ble. Ce qu'il y a de certain, par exemple, c'est que les Manifestes de Lisbonne, dont on a pris soin d'inonder
l'Europe, & qui peignent de couleurs
si noires les Missions des Jésuites, n'ont
point empêché la Reine d'Espagne,
(sœur pourtant du Roi de Portugal)

de léguer à ces Peres, pour leurs Miffions d'Orient, cent mille piftoles ;
marque non équivoque que cette Prin-
ceffe fi fage ne croyoit pas un mot du
contenu de ces Manifeftes. Ce n'eft pas
tout : tandis que la tempête éclatoit
avec le plus de fureur, plus de cent
quatre-vingts Evêques des plus confidé-
rables de France, d'Efpagne, d'Italie
& d'Allemagne, y compris les trois
Séréniffimes Electeurs du St. Empire,
écrivirent au Souverain Pontife les lettres les plus preffantes, pour l'engager
à défendre & à foutenir contre les efforts
de l'Enfer la Compagnie de JESUS,
Ordre, difent-ils, très - utile à l'Eglife, non feulement par ce qu'il a fait jufqu'à préfent, mais le plus utile de tous
même aujourd'hui par tout ce qu'il fait
encore. Le recueil de ces cent quatre-
vingts lettres ne pourra-t-il point con-
trafter avantageufement avec les Réflexions, avec l'Appendice, avec toute
la fadeur des libelles de Rome?

Mais ces lettres, diront les ennemis
des Jéfuites, on fe les eft procurées.
Eh bien, je le veux, quoique cela foit
très-faux de la plupart. Croira-t-on,
qu'à la priere des Jéfuites, tant d'illuf-
tres Prélats, dans leurs lettres au Chef

viſible de l'Egliſe, euſſent pu parler ainſi de la Compagnie, s'ils euſſent penſé que c'eſt un Corps infect, ou que les libelles de Rome, & les pro-cédures de Portugal leur euſſent laiſſé quelque fâcheuſe impreſſion ? Aſſuré-ment ces lettres ſont bien d'une autre force que quelques lettres paſtorales, arrachées par violence à quelques Evêques Portugais. L'un d'entr'eux, avant de pu-blier la ſienne, avoit écrit la lettre la plus favorable à la Compagnie, témoignant ſa douleur de voir en butte à la perſécu-tion la plus injuſte, diſoit-il, les hom-mes les plus innocents, & les meilleurs Religieux de tout ce Royaume. Nous pouvons nommer ici librement cet illuſ-tre Prélat ; la mort l'a mis à couvert de la vengeance du Miniſtre : c'eſt l'Ar-chevêque d'Evora. Tant il eſt vrai qu'à Liſbonne c'eſt aujourd'hui la terreur & la violence qui reglent les démarches & les ſentiments, juſqu'à contraindre les Miniſtres mêmes du Sanctuaire à par-ler tout autrement qu'ils ne penſent ! Voyons maintenant ce que c'eſt que cette rare clémence dont on veut que les Jéſuites non - Profès profitent mal-gré eux.

Le Miniſtre, après avoir minuté ſon

Edit, s'apperçut de l'inconvénient qu'il y auroit à exiler du Royaume les jeûnes Jéſuites. C'eût été le priver d'un nombre conſidérable de Sujets choiſis, qui ne manquoient pas de talents. Pour obvier à ce mal de la meilleure maniere poſſible, il ſuppoſa que le Cardinal Viſiteur avoit les pouvoirs néceſſaires pour la diſſolution de leurs vœux. Il imagina cette différence entre les Jéſuites Profès & les non-Profès, que les premiers déjà admis aux ſecrets des conjurations, étoient tous coupables de l'attentat du 3. Septembre ; au lieu que les ſeconds étoient dignes de compaſſion, *parce qu'ils avoient peut-être ignoré les menées de leurs Superieurs*, n'ayant pas encore fait la Profeſſion ſolemnelle. Pour ces raiſons, dit-il, la grande clémence du Roi permet aux Particuliers de cette ſeconde claſſe, qui par hazard ſeroient reconnus innocents, de demeurer dans ſes Etats, à condition toutefois qu'ils obtiendront du Cardinal Viſiteur la démiſſion de leurs vœux. M. de Carvalho ſe flatta bien d'avoir trouvé là un expédient admirable pour ſe délivrer de tous les Jéſuites, & en conſerver pourtant en habit ſéculier une bonne partie, à qui il ſe perſuadoit faussement que le Cardinal pouvoit donner cette dispense. Sans doute, se disoit-il à lui-même, ces jeunes Jésuites iront en foule la demander au Visiteur, pour éviter l'exil.

Mais M. de Carvalho ne s'est-il point trompé ? M. de Carvalho croit-il même bien sérieuse cette prétendue différence de Jésuites à Jésuites ? Les faits répondront à cette question. On sait que même les Profès sont dispensés de l'exil, pourvu qu'ils consentent à passer dans un autre Ordre, comme l'a fait quelqu'un d'entr'eux. On sait que les jeunes Jésuites ne faisant point la démarche qu'on avoit espérée, de demander au Cardinal la démission de leurs vœux, le Ministere a fait les avances & la leur a offerte : qu'on n'a point cherché à démêler parmi eux ceux qui par hazard pourroient se trouver innocents, mais qu'on l'a offerte à tous indifféremment. On sait que, pour surmonter leur répugnance infinie à quitter l'habit de la Compagnie, on a employé des voies de persuasion tout-à-fait extraordinaires, jusqu'à en venir aux menaces & à la violence, pour leur faire accepter en dépit d'eux la clémence qu'on leur offroit. Arrivet-il que quelqu’un fe laiffe vaincre, & quitte en effet l’odieux habit de Jéfuite ? eh bien, quoique Membre d’un Corps infeat, fans autre formalité, le voilà reconnu pour un très-bon Sujet du Roi, pour un excellent citoyen ; fes maximes n’ont plus rien de pernicieux, fa doctrine plus rien de condamnable ; en un inftant c’eft un autre homme.

Il faudroit s’aveugler, pour ne pas voir qu’on fait la guerre, non aux perfonnes, non aux vices, non aux erreurs des Jéfuites, mais à leur robe & à leurs biens. Nous fommes très - convaincus qu’on retiendroit en Portugal les Profès mêmes, & qu’on ne les y regarderoit plus comme criminels, fi on pouvoit les y retenir fous un autre habit. Mais l’autorité du Cardinal Vifiteur ne s’étend pas jufques-là. Il l’a même étendue bien au-delà de fes juftes bornes ; & jamais ceux qui n’ont de démiffion que de fa façon ne fauroient être en fûreté de confcience. Toutes ces irrégularités ne frappent plus à Lifbonne, n’arrêtent même plus.

On vient nous dire, après tout cela, que le Miniftre de Lifbonne follicite auprès de Sa Sainteté un Bref, en vertu duquel il lui foit permis de procéder contre les Ecclésiastiques soupçonnés d'avoir été complices de l'attentat du 3. Septembre. Il le demande, assure-t-il, non qu'il croie en avoir besoin, mais par une certaine délicatesse sur l'article des Immunités de l'Eglise, & pour marquer à Sa Sainteté une surabondance de respect. Cette délicatesse paroît bien singuliere à qui se souvient que rien n'arrêta M. de Carvalho, quand il fit saisir & quand il dépouilla de leurs biens quantité de Jésuites, par la seule raison qu'ils étoient Religieux de la Compagnie de JESUS; ce qui pourtant n'est pas assurément un crime, beaucoup moins un crime privilégié. On suspectera bien plus encore sa surabondance de respect envers Sa Sainteté, si on se rappelle la façon dont il s'est comporté à son égard. Faire attendre huit mois entiers une réponse à la lettre par laquelle le Pape donnoit part de son exaltation, & par-là laisser douter si la Cour de Portugal voudroit le reconnoître pour le légitime successeur de S. Pierre ; cela ne s'accorde guere avec cette surabondance de respect. Conserver obstinément à Rome un Ambassadeur que cette Cour n'agréoit point ; faire imprimer à Rome même nombre de livres fans les permiffions requifes, & fans égard aux défenfes qu'on en avoit publiées ; arrêter les Courriers du Pape, vifiter & lire les paquets du Nonce ; renvoyer les Brefs qu'on ne trouvoit point affez favorables ; débarquer à Civita-Vecchia les exilés par centaines, fans avoir auparavant daigné en faire donner le moindre avis à Sa Sainteté, au moins comme au Souverain temporel du pays ; font-ce donc là des marques de ce refpect exceffif ? Sous le voile facré des Immunités & de la furabondance de refpect, on cache donc quelque autre deffein.

La demande du Bref fe fait au nom de Sa Majefté Très-Fidelle. Aman lui-même, ayant réfolu la perte des Hébreux, fe fervit auffi du nom & du fceau d'Affuerus. On fait que les intentions de Sa Majefté font très-bonnes ; mais fait-on fi celles de fon Miniftre le font de même ? Sa Majefté demanda auffi le premier Bref, dans la très-louable vue de procurer une réforme, qu'on lui avoit fait regarder comme néceffaire ; mais, comme les vues de fon Miniftre étoient bien différentes, on ne fe fervit point de ce Bref pour réformer les Jéfuites, mais on en tira le meilleur parti que l'on put pour les diffamer. Oh ! si parmi les Eccléfiaftiques dont il s'agit on ne mêloit pas les Jéfuites, la demande feroit très-raifonnable, & on ne devroit pas héfiter de s'y rendre : au lieu que les Jéfuites y étant compris, & tout le monde voyant à merveille que ce n'eft que fur eux que le Miniftre veut décharger fa colere ; on voit très-bien auffi que, s'il follicite un Bref à cet égard, ce n'eft que pour revêtir fes violences de la refpectable autorité du S. Siege. L'abus du premier Bref fuffit pour ouvrir les yeux du Confeil de Sa Sainteté fur celui-ci, & pour juftifier à tout l'univers le refus qu'elle en fait. Que le Pape l'accorde, ou non, l'univers ne changera pas d'avis. M. de Carvalho pourra bien exécuter ce qu'il médite ; mais tout homme fage dira que le Bref donne bien aux Juges l'autorité, mais non pas l'efprit d'équité ; que le Jugement fe fera en vertu du Bref, il eft vrai, mais que c'eft toujours à Lifbonne qu'il fe fera.

Que diront de tout ceci nos Meffieurs de la petite Affemblée, quand ils liront ces courtes, mais claires Obfervations ? Je les vois d'avance en grande délibération. Personne parmi eux qui s'avise de douter qu'elles n'aient été faites par un Jésuite de Rome ; & malheur au P. Noceti , au P. Faure, qu'on accuse de pouvoir bien en être les Auteurs. Après bien des perquisitions, bien des consultations entre eux , le vaillant & redoutable Secretaire de l'Assemblée prendra sur son compte d'y répondre sur le bon ton. Il a du loisir ; les mensonges & les calomnies ne lui coûtent rien , ou plutôt le nourrissent & l'enrichissent ; il a d'ailleurs une facilité admirable & un talent rare pour le style injurieux. La réponse va donc incessamment paroître ; & on ne manquera pas de nous dire encore que *les Jésuites font des bandits , des scélérats , des opiniâtres , des insolents , des infames , des effrontés , &c. &c. &c.* car ce font là les termes que choisit par prédilection l'inimitable Ecrivain, en parlant d'un Ordre si respectable. Il faut pourtant bien qu'il ne soit pas convaincu lui-même de ce qu'il dit, & qu'il ait au contraire une grande idée de la vertu de ces Peres : il se garderoit bien de parler & d'écrire sur ce ton d'une troupe de scélérats ; ce style ne seroit pas sûr pour lui.

Pour l'empêcher donc de s'y méprendre, & pour épargner en même temps aux Jésuites cette nouvelle grêle d'injures, j'avois d'abord résolu de me nommer, consentant très - fort qu'il tournât tous ses traits contre moi, & qu'il en dît toutes les belles choses qu'il fait dire. J'en aurois fais le même cas qu'en ont fait les Jésuites, dont le silence le paie de la seule monnoie qui lui convienne, d'un souverain mépris. S'il veut quelqu'un qui lui réponde dans le même goût, ce n'est point chez eux qu'il le trouvera, c'est aux halles.

Mais un ami m'a fait remarquer fort à propos que ce seroit m'exposer beaucoup, & même sans utilité pour les Jésuites. Comme ces Messieurs, qui sont aux aguets à Rome, ont ici des correspondants, (eh! où n'en ont-ils pas?) ils découvriroient aisément les intimes rapports que j'ai avec ces Révérends Peres. De-là ils ne manqueroient pas de conclure, à n'en pas revenir, que quelque Jésuite m'a engagé à écrire, & même qu'il a mis la main à l'œuvre. Ensuite de quoi le faiseur de réponse ne s'en prendroit pas moins aux Jésuites; & pour mon compte, on pourroit bien choisir quelqu'autre moyen plus à craindre que les traits de plume.

Le

Le tout mûrement confidéré, j'ai cru que, pour la sûreté de ma perfonne, il valoit mieux garder l'anonyme. Permis au furieux aggreffeur de frapper l'air.

Affurément il ne fe taira pas. Mais qu'il n'oublie pas que la nuit du 11. Janvier on faifit le Pere Malagrida & quelques autres Jéfuites, & que le lendemain matin, jour de la grande exécution, on publia, non plus un Manifefte, mais un Jugement imprimé, où l'on affure, comme prouvé juridiquement, que le Pere Malagrida & les autres Jéfuites ont été complices & même les premiers auteurs de l'exécrable attentat. Que ce rare Ecrivain foutienne, s'il peut, l'équité de cette nouvelle forme de Jugement : c'eft un beau champ ouvert à fon éloquence.

Il n'eft pas poffible, dit-il, de douter de l'équité incorruptible d'un Tribunal fouverain, compofé *de tout ce que le Portugal a de plus éclairé & de plus refpectable.* Mais, fi ce Tribunal juge des crimes fans avoir oui les accufés, on voudra bien nous permettre de n'être pas bien perfuadés *de cette équité incorruptible.*

Si nous entreprenions de juftifier ce

Tribunal , nous aimerions mieux dire qu'il ne juge que fur les pieces qu'on lui produit, à mefure qu'elles viennent d'être fabriquées par les créatures du Miniftre , qui ne font pas affurément *tout ce que le Portugal a de plus éclairé & de plus refpectable.* Nous dirions encore, pour fa juftification , que le Cardinal Vifiteur lui - même fut forcé à déclarer les Jéfuites Négociants, fans en avoir examiné aucun; que le Cardinal Patriarche fut forcé à les fufpendre du facré Miniftere , fans pouvoir en alléguer aucune raifon; que les Evêques mêmes furent forcés à publier contre eux des lettres paftorales, où ils avançoient ce que dans leur confcience ils favoient bien être abfolument faux ; qu'enfin on a porté la Sentence de l'exil des Jéfuites , comme atteints & convaincus des crimes les plus extraordinaires, fans les avoir entendus , fans leur avoir permis de fe défendre , comme on le permet pourtant à toute efpece d'accufés dans tous les Tribunaux du monde. Voilà tout ce qu'on peut dire pour la juftification du Tribunal fouverain de Portugal : & tout cela peut s'allier parfaitement avec l'innocenee des Jéfuites.

Au reste, qu'on n'aille pas s'imaginer que c'est ici une apologie pour les Jésuites. Nous n'avons eu d'autre dessein, que de mettre sous les yeux quelques Observations qui se présentent assez naturellement, & que tout le monde a pu faire par soi-même, en lisant cette multitude de pieces imprimées à Lisbonne par ordre de la Cour. De ces Observations il semble résulter avec évidence que dans toute cette affaire on n'a suivi aucune des sages regles que prescrit le Droit, regles si essentielles à tout bon Jugement.

D'ailleurs, nous n'avons pas ici tous les titres & toutes les connoissances nécessaires pour une bonne apologie. Les Jésuites la sauront bien faire eux-mêmes, quand ils la croiront convenable, sans avoir besoin pour cela d'une plume étrangere. Nous ne pensons pas que le respect doive toujours leur fermer la bouche. Peut-être se flattoient-ils d'appaiser la Cour de Portugal ; & ils en seroient venus à bout, si la rage de leurs ennemis de Rome n'eût à chaque instant fait donner à Lisbonne mille & mille faux avis coup sur coup, jusqu'à supposer des réponses & des apologies très-odieuses, &

les faire paffer fous le nom des Jéfuites, quoique ces Peres n'en euffent pas,
avant l'impreffion, la moindre connoiffance. Mais il eft à croire qu'ils rom-
pront enfin le filence. C'eft alors qu'on
fentira quelle différence il y a entre
une apologie fuppofée & une vraie
apologie. Le Public l'attend avec empreffement, parce qu'il fouhaiteroit fort
ne pas entendre perpétuellement une
feule Partie.

Fin de la premiere Partie.

OBSERVATIONS

SUR LA CONDUITE
DU MINISTRE DE PORTUGAL.

SECONDE PARTIE.

LA rupture entre les deux Cours de Rome & de Portugal, & toutes les opérations du Ministre en conséquence de cette rupture, feront la suite naturelle de tout ce que nous avons dit jusqu'ici ; & nous en parlerons le plus succintement qu'il sera possible.

Remarquons auparavant les voies admirables de la divine Providence, protectrice de l'innocence des Jésuites. Maîtresse des événements, elle les arrange en telle sorte, que les Jésuites persécutés se trouvent justifiés par leurs persécuteurs mêmes, & tellement justifiés, que jamais mille bouches & mille plumes employées à leur défense n'y euffent fi bien réuffi.

La conduite irréguliere de M. de Carvalho avoit déjà bien avancé cette juftification. Il la rend complette, en rompant fans raifon & contre toute raifon avec la Cour de Rome. Plaife au Ciel qu'il ne la rende pas encore plus éclatante, par tout ce que cette rupture ne fait que trop prévoir & craindre ! A la naiffance de ces troubles, on le difoit nettement : Si le Miniftre veut éloigner les Jéfuites, c'eft qu'il voit bien que, tandis qu'ils feront dans ce Royaume, il ne viendra jamais à bout d'exécuter ce qu'il projette. Que pouvoit-on dire de la Compagnie de JESUS, qui lui fît plus d'honneur?

C'eft à M. de Carvalho de montrer fi ce fut une imagination de la vanité des Jéfuites & de l'affection de leurs amis, ou fi ce fut une vérité avancée avec fondement. En attendant, le fyftême Anglican s'avance à grands pas, & peu de chofe manque à fon entiere exécution. Il n'y a plus de Jéfuites en Portugal, ou le peu qu'il en refte ne peuvent, de leur étroite prifon, s'oppofer aux nouveautés qu'on veut introduire. Après les Jéfuites on a chaffé le

Nonce Apoftolique, dont la préfence auroit gêné. On a rompu tout commerce avec le Saint Siege ; & il eft manifefte que le Miniftre de Portugal a voulu à tout prix en venir à cette rupture, comme il ne l'eft pas moins que Sa Sainteté & fes Miniftres ont fait tous les efforts poffibles pour l'éviter. Les Evêques font abattus par la terreur ; le Tribunal de l'Inquifition eft fans chef. Il ne refte donc plus à M. de Carvalho qu'à publier fes nouvelles ordonnances, où il ne manquera pas fans doute de montrer encore en paroles quelque apparence de refpect, & même d'un très-grand attachement pour le Chef vifible de l'Eglife, de peur d'alarmer la Religion de la Nation par un changement trop fubit. Il voudra l'y accoutumer fans qu'elle s'en apperçoive, en le rendant infenfible.

Nos defirs les plus ardents font que, comme les Jéfuites ont eu la gloire d'arborer l'étendart de la Foi dans les immenfes contrées du Brefil & du Maragnan, on ne puiffe pas dire encore à leur honneur qu'elle s'en foit éloignée avec eux ; & que quand on leur faifoit la guerre en Portugal, on la faiſoit encore plus à l'Egliſe. Faſſe le Ciel que nos vœux ſoient exaucés ! Ce qui ſoutient notre eſpérance, c'eſt la piété reconnue du Roi Très-Fidele Joſeph I. incapable aſſurément de permettre, avec connoiſſance, dans ſes Etats, aucune atteinte à la Religion : mais ce qui nous fait trembler, c'eſt le caractere particulier de Dom Joſeph-Sebaſtien de Carvalho, ſon Miniſtre.

Pour être convaincu que la Cour de Portugal n'avoit aucun ſujet d'en venir à cette rupture, il ne faut d'autres preuves que les raiſons mêmes qu'on apporte en déduiſant les faits, dans ce que nous appellerons le Manifeſte de Portugal, & qu'on ſait très-bien n'avoir été écrit que ſous la dictée de M. de Carvalho. Ce Manifeſte eſt fort étendu, les expreſſions en ſont emphatiques & d'une grande énergie. Mais, ſi l'on réfléchit à la nature des faits & à l'inſuffiſance des raiſons, on croira plutôt lire un Manifeſte de la Cour de Rome. Rome au moins n'a pas beſoin d'en produire un autre, pour prouver à l'univers qu'elle n'a donné aucun ſujet de rupture, & qu'elle a mis en œuvre tout ce que la décence lui permettoit de faire pour la prévenir. Graces à M. de Carvalho,

elle ne fera point obligée à prendre la
peine de fe juftifier.

Il eft vrai qu'il prend beaucoup fur
lui-même, pour paroître conferver encore quelque refpect pour la Perfonne
de Sa Sainteté. Il ne s'en prend pourtant pas moins au Cardinal Torrigiani, Secretaire d'Etat, & il ne donne
pas moins à entendre que Clément XIII.
s'eft laiffé mener & tromper par fon
premier Miniftre, de la même maniere
à peu près que lui, M. de Carvalho, a
fermé tout accès au Trône de Sa Majefté Très-Fidelle, & ne lui laiffe favoir
que ce qu'il veut bien qu'elle fache.
Mais l'artifice eft trop vifible, & la
différence faute aux yeux. Perfonne
n'ignore que la terreur ne regne point
à Rome, comme à Lifbonne. A Rome,
les Grands ne font point abattus, comme à Lifbonne, par la crainte des per-
fécutions. A Rome, celui-là feul qui
doit l'être, eft en effet le maître, &
l'arbitre abfolu des affaires, & non point
un premier Miniftre, comme à Lifbonne.
Le Saint Pere, uniquement occupé de
l'importante penfée de gouverner &
l'Eglife & l'Etat, écoute avec bonté
tout le monde indifféremment. Grands
& petits, Romains & étrangers, tous

C v

trouvent un accès facile, & peuvent lui parler en liberté. Et jamais le Cardinal premier Miniftre ne s'eft arrogé & n'a prétendu ufurper cette autorité exceffive, capable de rendre timide à fe déclarer ouvertement contre fes vues, dès qu'on eût cru y appercevoir de l'injuftice, & qu'on s'en fût fenti léfé. On ne peut donc pas dire que Sa Sainteté foit mal informée des chofes, & que le Cardinal Torrigiani lui cache la vérité, ou ne lui en montre qu'autant qu'il en faut pour faire fervir à fa propre paffion l'autorité de fon Maître ; comme on peut très-bien le dire, & comme on le dit en effet du premier Miniftre de Lifbonne. Examinons en détail les fujets de plainte qu'il prétend avoir.

Il fe plaint premiérement, que la partialité reconnue du Cardinal en faveur des Jéfuites ait empêché Sa Sainteté de donner aucune marque pofitive & non douteufe d'approbation aux procédures dreffées contre eux. Voilà fa plainte principale, qui renferme toutes les autres. Voyant que par-tout ailleurs on condamnoit fes étranges réfolutions, il eût bien fouhaité les faire paroître comme approuvées à Rome par le Saint

Siege. Mais encore, outre que le Pape ne pouvoit ni approuver ni défapprouver ce qui fe faifoit en Portugal, n'ayant point été admis à la connoiffance de la caufe, que falloit-il donc qu'il fît pour marquer fon approbation ? falloit - il qu'il punît les Jéfuites de Rome à caufe des Jéfuites de Portugal, comme M. de Carvalho a bien voulu fe croire permis de punir, à plus de deux mille lieues de Lifbonne, les Jéfuites du Brefil, pour les crimes qu'il impute à ceux de Lifbonne ? Qui ne voit que c'eût été la plus manifefte injuftice ?

Il fe plaint encore que Sa Sainteté ait continué à favorifer les Jéfuites de Rome, quoiqu'ils vomiffent les plus noires calomnies, & même, felon fon expreffion, *des blafphêmes* contre l'honneur de Sa Majefté Très Fidelle. Que Sa Sainteté les ait toujours favorifés, cela eft très-vrai. Mais pourquoi veut-on qu'elle ait dû leur marquer moins de bienveillance, fi en eux elle n'avoit rien reconnu qui en eût mérité la diminution ? Les autres Princes de l'Europe n'en ont - ils pas fait autant ? pourquoi donc ne pas fe plaindre auffi des autres Souverains, qui, fans s'informer de ce que peuvent avoir fait les

Jésuites de Portugal , ont favorisé tout
comme auparavant ceux de leurs Etats?
Dire que les Jésuites de Rome ont ré-
pandu des calomnies , vomi *des blaf-*
phêmes contre l'honneur de Sa Majesté
Très - Fidelle , ce n'est pas assez ; il
faudroit le prouver. Sa Sainteté est à
portée de le savoir un peu mieux que
M. de Carvalho , qui se contente de
l'avancer , & ne le prouve point. Nous
voyons paroître depuis peu quelques
brochures pour la défense des Jésuites.
Elles ne font autre chose que des réfu-
tations de mille & mille calomnies an-
ciennes & nouvelles , répandues contre
eux dans une infinité de libelles. Mais,
si l'on en excepte nos Observations ,
nous n'avons rien vu , ni imprimé , ni
manuscrit , qui de près ou de loin touche aux affaires de Portugal , & beaucoup moins à l'honneur de Sa Majesté
Très-Fidelle.

Que si les Jésuites , voyant leur Compagnie opprimée en Portugal , avoient
laissé échapper quelque plainte ; si,
dans la perte générale de tout le reste,
ils avoient fait quelques efforts pour
sauver au moins l'honneur ; en cela
les trouveroit-on donc condamnables ?
quel est l'homme qui les en eût blâ-

més ? a-t-on jamais blâmé qui que ce soit de se défendre d'une injuste accusation ? quel Tyran prêt à frapper un malheureux a jamais poussé la tyrannie jusqu'à prétendre lui ôter la funeste liberté de se plaindre ? M. de Carvalho auroit voulu que les Jésuites, en l'entendant prononcer que leur Compagnie est un infame ramas de scélérats, baissassent humblement la tête, & répondissent : Cela est vrai. Sans folie, auroit-il pu s'y attendre ?

Mais les Jésuites, dit-il, ont donné un démenti formel à Sa Majesté Très-Fidelle. La preuve, c'est que dans les papiers signés par Sa Majesté on trouve que les Jésuites sont en effet autant de scélérats ; & malgré une décision si claire, les Jésuites ont bien osé en douter : comme si le Roi étoit capable d'avancer quelque chose de faux. Pour le coup voici, en fait de fourberie, un tour tout nouveau, qui n'étoit tombé dans l'esprit à personne, avant M. de Carvalho. Il se propose de noircir tout un Ordre considérable par les plus atroces calomnies, par les impostures les plus visibles ; &, pour que personne ne s'avise de les révoquer en doute, que fait-il ? il les fait paroître autorisées du feing du Roi. Que fi quelqu'un après cela balance à les croire, c'eft un infolent, un téméraire, qui, en facrilege blafphémateur, donne un démenti formel au Roi de Portugal, & qui fe rend coupable d'un nouveau crime de lefe-Majefté, pour lequel il n'eft point d'affez grand fupplice. Plaifante invention affurément, pour pouvoir à coup sûr & fans rifque opprimer des innocents, à qui par-là on ôte tout moyen de défenfe, en les obligeant à fe taire! Mais M. de Carvalho nous permettra bien de lui dire que, s'il ne vouloit pas expofer le nom du Roi fon Maître à l'affront de ce prétendu démenti, il devoit donc pefer un peu mieux ce qu'il fe promettoit de faire figner à Sa Majefté. Il ne falloit pas fur-tout lui donner pour des vérités bien prouvées les fauffetés les plus palpables. Si donc on n'accorde pas à ces papiers une créance aveugle & religieufe; fi les incrédules en ce genre ne font pas les Jéfuites feuls, mais tous ceux encore qui ont le fens commun; M. de Carvalho ne peut s'en prendre qu'à fon défaut de fidélité.

D'ailleurs les Jéfuites, bien affurés dans leur confcience de n'être point auffi

ſcélérats qu'on le débite dans ces papiers, quand ils s'inſcrivent en faux
contre ce qu'ils contiennent, ne pré-
tendent donner aucune atteinte à la
ſûreté de la parole Royale. Ils ſavent,
à n'en pas douter, que dans ces papiers
il n'y a du Roi qu'un ſeul mot, c'eſt
ſon nom; & que ce mot encore ne s'y
trouveroit pas, ſi Sa Majeſté n'avoit été
mal informée & très-poſitivement trompée par de fauſſes apparences, qu'on
a fait ſignifier tout ce qu'on a voulu.
On eſt en état de prouver à tout le
monde que ce n'eſt point là qu'on
peut trouver les vrais ſentiments de Sa
Majeſté, parce qu'on a d'autres papiers
écrits dans des temps ſans nuages, &
ſignés auſſi par Sa Majeſté, où le Roi
aſſure des choſes toutes contraires à ce
qu'on lui fait *ſigner* de nos jours. Sans
remonter bien haut, M. de Carvalho
n'a qu'à chercher dans les Archives; il
en trouvera un en date du 2. Mars
1752. C'eſt une réponſe du Roi à la
Congrégation générale des Jéſuites,
qui s'étoit donné l'honneur d'écrire à
Sa Majeſté une lettre au nom de toute
la Compagnie. Dans cette réponſe, Sa
Majeſté daigne marquer la ſatisfaction
que lui a cauſé cette lettre. Un ſi grand

Prince ne pouvoit écrire dans des termes plus obligeants, plus paternels, à un Ordre Religieux. Tout, jusqu'aux moindres expreſſions, y reſpire une bonté, une affection & une eſtime extraordinaire. Sa Majeſté y rappelle *les grands avantages qu'ont procuré à l'Egliſe Catholique les travaux des Miſſionnaires de la Compagnie de JESUS, dont le zele conſtant & infatigable s'eſt toujours conſacré à prêcher la Foi & à l'étendre.* Le Roi finit en aſſurant la Compagnie de ſa Royale bienveillance, déclarant qu'il veut ſuivre en cela l'exemple de ſes Auguſtes Prédéceſſeurs, & nommément celui du Roi ſon pere.

Or un Roi qui s'exprime ainſi en 1752, Comment concevoir qu'en 1759 il puiſſe aſſurer que ces Miſſionnaires ne s'occupent qu'à négocier, qu'à envahir des Provinces, qu'à fomenter des révoltes? Comment ce même Roi peut-il ſoutenir que la Compagnie de JESUS (M. de Carvalho affecte de ne plus nommer ainſi les Jéſuites, quoique ce titre leur ait été donné par les Souverains Pontifes & par le St. Concile de Trente, qui défend même ſous peine d'excommunication de le leur diſputer.) Comment, dis-je, ce Roi peut-il ſoutenir que la Compagnie de Jesus eſt un Ordre abſolument perverti dans ſes maximes, dans ſa doctrine, dans ſon Gouvernement ; & qu'il eſt démontré, par l'expérience de près de deux ſiecles, que la paix & la tranquillité publique ne peut ſe conſerver dans les Etats de Portugal avec la Compagnie de Jesus, ainſi qu'on le décide dans les dernie-res pieces *ſignées par Sa Majeſté*? Les Jéſuites ſont donc très-fondés à penſer qu'elles ne ſont l'ouvrage que du ſeul Miniſtre, qui trompant ſon Roi, a ſurpris ſa ſignature, pour donner du crédit à ſes calomnies. Le démenti donc, ſi c'en eſt un de refuſer de les croire, ne s'adreſſe point au Roi, mais au Miniſtre, qui ſe cache ſous le nom du Roi. D'où il réſulte, qu'étant plei-nement faux que les Jéſuites de Rome aient attenté en rien à l'honneur de Sa Majeſté Très-Fidelle, on ne peut aſ-ſigner aucune raiſon pour laquelle Sa Sainteté ait dû leur ôter ſes bonnes gra-ces, comme l'auroit ſi fort deſiré M. de Carvalho.

Il ſe plaint que, loin de montrer par aucun ſigne poſitif & non douteux qu'elle approuvât la conduite de la Cour de Portugal, celle de Rome a donné des marques certaines qu'elle la défapprouvoit ; ce qu'il entreprend de démontrer en raifonnant fur certains faits avec beaucoup d'emphafe. Mais fes raifonnements fuffent-ils encore plus fpécieux, leur emphafe ne les rend pas plus concluants. Nous leur ôterons cette enveloppe, pour en mieux voir le fond. Voici deux de ces faits : le premier, c'eft que le Cardinal Torrigiani, de concert avec le Général des Jéfuites, a écrit au Nonce en Efpagne, au nom de Sa Sainteté, & qu'ayant fait dans cette lettre l'éloge de la Compagnie, il ajoute qu'il n'y a que l'envie & le libertinage qui faffent parler autrement. Le fecond fait, c'eft qu'on fit faifir un Libraire de Rome qui débitoit un libelle infamant contre la Compagnie, & qu'on prit de juftes mefures pour empêcher l'impreffion de ces fortes de livres, en intimant à tous les Imprimeurs de cette ville les plus féveres défenfes fur ce point. Nous ajouterons, puifque le Manifefte n'en dit rien, que l'on chaffa de Rome un Frere Lai d'un certain Ordre, parce qu'il faifoit la main à ce Libraire. Pefons ces deux faits l'un après l'autre.

Quant au premier, M. de Carvalho

nous donne une pure ſuppoſition pour un fait indubitable , lorſqu'il avance que cette lettre fut écrite de concert avec le Général des Jéſuites. Le Géné-ral étoit ſi peu de concert en cela , que la premiere connoiſſance qu'il ait eu de cette lettre lui vint par les nouvelles d'Eſpagne , quand elle y eut été rendue publique. Suppoſition encore, que cette lettre roulât ſur les affaires de Portugal ; puiſqu'on n'y parloit que des infames libelles que l'on répandoit contre les Jéſuites , & qui preſque tous venoient de Rome. Le ſait eſt que pluſieurs Evêques d'Eſ-pagne voyant avec douleur l'horrible ſcandale que cauſoient ces libelles dans le Public , firent de fortes repréſen-tations à Sa Sainteté , pour qu'elle voulût bien mettre un frein à la licen-ce ; & que, ſur l'avis de ces zélés Pré-lats , le Pape ſe crut obligé d'appor-ter à un ſi grand mal le remede con-venable. Sa Sainteté le fit par cette lettre, qui, ſans dire un ſeul mot des Jéſuites de Portugal , mit hors d'at-teinte la réputation de tous les autres. C'eſt au Public maintenant de juger ſi la Cour de Portugal a pu avec juſ-tice ſe tenir offenſée d'une précaution ſi équitable & ſi néceſſaire ; comme ſi c'eût été là déſapprouver même tacitement ſa conduite. Certainement il n'étoit pas poſſible au Saint Pere d'imaginer que par-là il donneroit du déſagrément à cette Cour. Il eût bien plutôt cru que le penſer eût été lui faire injure. Mais, quand même cette penſée lui fût venue, falloit-il donc, pour des craintes humaines, fermer l'oreille aux inſtances de tant d'Evêques, & laiſſer un libre cours au ſcandale ?

On en doit dire autant de l'empriſonnement du Libraire & de l'exil du Frere Lai, qui diſtribuoient ſi hardiment ces libelles. Ces précautions ſi juſtes ſont pourtant, à entendre M. de Carvalho, autant d'actes d'hoſtilité contre la Cour de Portugal faits en faveur des Jéſuites par le Cardinal Torrigiani. Faux ſuppoſé encore : car, pour le dire en paſſant, ce ne fut point ce Cardinal qui donna ordre d'arrêter le Libraire ; il n'étoit point encore Secretaire d'Etat ; ce fut le Cardinal Archinto, qui ne paſſoit pas pour l'ami le plus chaud des Jéſuites. Pour ce qui eſt de la défenſe aux Libraires, elle eſt pour nous une choſe tout-à-fait neuve, d'autant plus qu'elle n'étoit nullement néceſſaire.

A Rome, les Loix qui défendent l'impreffion de quelque ouvrage que ce foit avant les revifions & fans les permiffions requifes, font dans leur pleine & entiere vigueur. Mais je veux qu'elle ait été faite, cette défenfe, que peut-on y reprendre ? Falloit-il que le Pape, fous fes yeux & dans fa Capitale, fouffrît l'impreffion de livres fi fcandaleux ? La feule politique eût dû l'en empêcher; puifque l'expérience montre affez que ces fortes de livres ne font propres qu'à faire naître des difputes & des querelles, qu'à fomenter l'efprit de parti & la difcorde. A plus forte raifon eût-il dû porter cette défenfe pour prévenir la perte des ames confiées à fes foins, perte que caufent comme infailliblement pareilles lectures ; pour ne rien dire d'une foule de péchés de détraction que ces livres rendoient chaque jour fi fréquents à Rome, du mauvais exemple des détracteurs, & nommément de celui que donnoient plus que perfonne un petit nombre de Religieux de la morale févere. Il n'étoit que trop dangereux, qu'en voyant traveftir en autant de monftres d'iniquité les Jéfuites, qui parmi les Religieux ne font pas après tout les

plus mauvais, les libertins ne vinssent
à se former une idée très-désavanta-
geuse de tous les autres, à prendre
droit de mépriser la parole de Dieu
dans leur bouche, & à s'affermir dans
le désordre. Il étoit à craindre que le
bon Peuple, prenant de la défiance des
Confesseurs Jésuites, comme de faux
Prophêtes, ne se donnât pas la peine
d'en chercher de meilleurs, & n'aban-
donnât Eglises & Sacrements. Quoi donc,
toutes ces réflexions n'autorisoient point
assez le Souverain Pontife à défendre
l'impression de tels livres ? Eût-il été le
plus aliéné des Jésuites, il eût été
obligé de le faire.

D'un procédé si régulier, si indis-
pensable, comment M. de Carvalho
peut-il donc en tirer une preuve qu'à
Rome regne une partialité outrée en
faveur des Jésuites, & qu'on y désap-
prouve expressément la conduite de
Portugal ? Si, malgré tout ce que nous
avons dit, ce Ministre croit encore avoir
en cela de justes sujets de se plaindre,
que ne se plaint-il aussi de la Cour de
Vienne, de la Cour de Naples, où,
par rapport à ces mêmes livres, on a
pris avec encore plus d'efficacité les
mêmes mesures ? Que ne témoigne-t-il

fon chagrin au Confeil Souverain de Caftille, qui a fait brûler par la main de l'Exécuteur bon nombre de ces libelles, & fpécialement *la Relation abrégée*, dont le débit fit châtier le Libraire de Rome? Que ne s'en prend - il encore à l'Inquifition d'Efpagne, qui les défendit fous peine d'excommunication, & qui d'ailleurs fit dans fon Décret les plus grands éloges de la Compagnie? Mais non, M. de Carvalho ne fait le mécontent qu'avec la Cour de Rome. On ne voit donc que trop que tous fes fujets de plainte ne font rien de plus que des prétextes pour en venir à une rupture, qu'il jugeoit néceffaire à fes deffeins. Mais avançons.

Il allegue encore un fait, dont il prétend bien conclure démonftrativement *que la Cour de Rome a pofitivement voulu rompre avec le Portugal, & a même été la premiere à lui déclarer la guerre*. Le voici. On demanda au nom du Roi de Portugal un Bref, en vertu duquel il fût permis de faire le procès aux Gens d'Eglife qui fe trouveroient avoir trempé dans l'attentat commis en la Perfonne facrée de Sa Majefté Très-Fidelle. Ce Bref, on fouhaitoit qu'il s'étendît à tous les cas de même na-

ture qui pourroient écheoir à l'avenir.
Le Bref fut accordé fans délai, mais
limité alors au cas préfent, parce qu'il
n'y avoit de fortes raifons de l'accorder au plutôt que celles qui regardoient
le cas préfent. En même temps Sa Sainteté écrivit au Roi une lettre très-pref-
fante, pour implorer fa clémence en
faveur des coupables, priant inftam-
ment Sa Majefté d'épargner le fang de
perfonnes confacrées à Dieu. Et comme
le Roi avoit fait connoître au Pape le
deffein où il étoit de chaffer tous les
Jéfuites de fes Etats, Sa Sainteté à la
premiere lettre en ajouta une fecon-
de, pour le prier de modérer une fi
grande rigueur contre un Ordre entier,
& de ne point faire fubir aux innocents le fort des coupables. On envoya
au Nonce par un Courrier extraordinaire ces deux lettres avec le Bref,
fans les avoir communiquées à l'Ambaffadeur. Voilà le fait fans déguife-
ment, comme fans ornement. Or nous
défions quiconque de rien trouver dans
ce fait que de très-équitable, & fur-tout
d'y rien trouver dont le Roi de Portugal
puiffe raifonnablement fe tenir offenfé.
M. de Carvalho n'y voit pourtant rien de
moins que quatre infultes faites au Roi
fon

son maître , quatre chefs d'accufation par conféquent contre le Cardinal Torrigiani.

Le premier , il le fonde fur la maniere dont fut faite cette dépêche , qui, felon lui , n'avoit point dû fe faire fans la participation de l'Ambaffadeur de Portugal. M. de Carvalho ne s'apperçoit pas qu'en ceci il fe condamne lui-même; puifqu'auparavant il avoit expédié à Rome un Courrier fecret , pour y porter fes lettres d'inftance , à l'infu du Nonce. De quel droit fe plaint-il , quand on lui rend la pareille ? Ou bien eft-ce peut-être que par fes qualités perfonnelles le Commandeur d'Almada méritoit de plus grands égards que le Cardinal Acciaioli?

Le fecond chef d'accufation , il le tire de ce qu'on n'a accordé qu'un Bref limité , quoiqu'on en eût demandé un perpétuel ; qui pût valoir à l'avenir pour tous les cas de même nature. Bien des réflexions fe préfentent ici. On pouvoit avoir des raifons , dans lefquelles il ne nous appartient pas d'entrer , pour ftipuler cette limitation : on n'avoit point abfolument refufé le Bref perpétuel ; on avoit feulement pris du temps , pour examiner s'il convenoit de l'accorder ; en attendant , on avoit accordé celui qu'exigeoit la néceffité préfente. Mais, laiffant toutes ces confidérations , d'ailleurs fi juftes, nous faifons cette queftion : Une grace, pour n'être pas entiere , ceffe-t-elle d'être une grace ? A-t-on jamais dit que la moitié d'une faveur devienne une offenfe , & que qui la reçoit ait autant de droit de fe plaindre, que le créancier à qui on ne rend que la moitié de fa fomme , quand il la redemande toute entiere ? Au moins ne dira-t-on pas que la reftriction de l'Indult Apoftolique foit un effet des menées des Jéfuites, & qu'elle y ait été mife en leur faveur. Qu'avoient-ils à craindre d'un Bref perpétuel, qu'ils ne duffent craindre auffi du Bref limité au cas préfent, feul cas où il pût, limité ou non , avoir lieu contre eux ?

Mais le Pape emploie des prieres auprès de Sa Majefté Très-Fidelle , pour la détourner de répandre le fang de perfonnes confacrées à Dieu. C'eft ici le troifieme chef d'accufation , favoir, ce que le Pape vient d'ajouter dans fa lettre. M. de Carvalho ne peut, dit-il, fe perfuader que Sa Sainteté ait été capable d'écrire en ces termes à un Monarque affaffiné. Se trouvera-t-il

quelqu'un qui penfe comme ce Miniftre , & condamne en ceci la conduite
du Pape ? Ne la jugera-t-on pas au
contraire d'un devoir indifpenfable ?
C'en eft un dicté par la piété , conforme à l'efprit de l'Eglife & à la
manfuétude facerdotale , & qui eft de
ftyle toutes les fois que le Juge d'E-
glife livre un accufé au bras féculier.
C'eft un acte de charité digne du
Pontife qui le fait, & du grand cœur
du Monarque à qui il s'adreffe. N'im-
porte ; M. de Carvalho prononce qu'il
y a de l'indécence de la part du
Pape, & qu'il fait une infulte au Roi. Il
y remarque fur-tout une partialité formelle & ouverte en faveur des Jéfuites , dont il entrevoit là les intrigues.
M. de Carvalho ne veut point faire
attention que , ni dans la demande
du Bref, ni dans la lettre de Sa Sainteté , il n'eft fait aucune mention des
Jéfuites ; & que , dans l'une & dans
l'autre, on s'en tient toujours aux termes généraux de perfonnes Eccléfiaftiques. M. de Carvalho ne veut pas
comprendre que cette partialité tant de
fois rebattue ne pouvoit avoir lieu ;
puifque le Pape, eût-il été même l'ennemi juré des Jéfuites , ne pouvoit

manquer à un devoir de cette efpece. Enfin, M. de Carvalho veut croire obfti- nément que cette lettre ait été minutée avec le Général des Jéfuites, qui néan- moins n'en avoir pas eu le moindre vent, & qui l'ignoreroit encore, fi M. de Carvalho n'eût trouvé bon de la publier lui-même dans fon Manifefte.

On fera bien plus furpris encore du quatrieme chef d'accufation. M. de Car- valho, qui a de bons yeux, le voit dans l'autre lettre, où Sa Sainteté ex- horte le Roi Très-Fidele à relâcher quelque chofe de la réfolution prife de chaffer tous les Jéfuites de fes Etats, & lui fait faire cette réflexion, qu'on ne doit point confondre les inno- cents avec les coupables. Quoi de plus conforme à toutes les regles de l'équité ? Confultons pourtant M. de Carvalho. Il trouve là un démenti formel donné au Roi fon maître. Eh quoi ! dit-il, les Edits *fignés par Sa Majefté* portent expreffément que tous les Jéfuites font coupables ; & l'on ofe diftinguer entre coupables & inno- cents ? on a la témérité de fuppofer que parmi les Jéfuites il en foit quel- qu'un qui ne foit pas criminel ? Nous voici donc revenus à l'admirable fe-

cret en vertu duquel M. de Carvalho
ne prétend rien de moins que de for-
cer tout le monde, & le Pape lui-même, à recevoir bonnement pour très-
vrais ses propres sentiments, quelque
faux, quelque étranges qu'ils puissent
être, dès-là qu'il les fera paroître
comme autorisés par le Roi, dont l'au-
guste nom, là comme par-tout ailleurs,
est toujours infiniment respectable.

Mais nous ne sommes pas au bout
des accusations. Le Cardinal Torrigiani, en conformité de cette seconde
lettre du Pape, avoit marqué au Nonce,
dans un certain mémoire qu'il lui en-
voyoit, *que sur ce point les sentiments
de Sa Sainteté étoient invariables, parce qu'ils étoient fondés sur l'équité, qui
ne permet point de confondre les innocents avec les coupables.* Voici ce que
conclut M. de Carvalho de ces paroles :
c'est que par elles (mais parle-t-il bien
sérieusement ?) c'est que par ces paroles le Cardinal fait au Roi de Portugal une déclaration de guerre en
bonne & due forme, puisqu'il prend
ouvertement le parti des Jésuites,
ennemis de cette Couronne. En vérité,
on croiroit rêver, si l'on ne se souve-
noit que la glose est du Manifeste. A

quoi bon nous arrêterions-nous à faire de nouvelles obfervations fur le prétendu démenti du Pape à Sa Majefté Très-Fidelle ? le grand fecret des *fignatures* eft tel, qu'une fois éventé, il n'a plus de vertu. Beaucoup moins difcuterons-nous l'imaginaire déclaration de guerre du Cardinal. Il eft affez clair que qui penfe & parle de la forte, parle & penfe d'une façon inconnue aux autres hommes.

Le Manifefte finit par un fait, qui très - affurément n'a rien de plus concluant. On en va juger.

Le Roi Très-Fidele préfenta, pour le Siege Archiépifcopal de la Baie de Tous-les-Saints, capitale du Brefil, Frere Dom Emmanuel de Ste. Agnès, fur le fuppofé de la vacance du Siege, par la démiffion libre qu'en auroit fait entre les mains de Sa Sainteté l'Archevêque Dom Jofeph Bothelos de Mathoï. Là-deffus la nomination du Roi paroît, avant qu'on eût les preuves néceffaires de cette démiffion. Outre que c'étoit là un procédé bien nouveau, on avoit quelques raifons de foupçonner qu'encore cette fois Sa Majefté, comptant trop fur la fidélité de fon Miniftre, auroit figné ce que celui-ci lui donnoit pour vrai, & qui ne l'étoit peut-être pas. Le Pape, qui dans le Consistoire devoit attester qu'il avoit vu l'acte juridique de la démission, ne se sentit pas d'humeur à faire ce mensonge. Il jugea donc à propos de suspendre l'expédition des Bulles jusqu'à ce que cet acte eût en effet été remis entre ses mains ; & crut pouvoir le faire avec d'autant moins d'inconvénient, qu'on ne se lassoit point de l'assurer que l'acte arriveroit aux premiers jours.

Qui pourroit se formaliser d'une circonspection si prudente & si nécessaire? Valoit-il mieux que Sa Sainteté offensât le Roi des Rois, pour ne pas manquer au Roi de Portugal? Il paroît bien que M. de Carvalho le pense ainsi ; &, dans plus d'une occasion, il le montre assez, en faisant un crime au Pape des différentes démarches auxquelles Sa Sainteté étoit le plus obligée, & qu'elle ne pouvoit omettre sans manquer à Dieu & à sa conscience. Qu'y faire? Dans ce cas, il se trouve écrit & signé par le Roi, que l'Archevêque a fait sa démission entre les mains de Sa Sainteté ; & Sa Sainteté *n'a pas cru pouvoir mentir.* M. de Carvalho prétend que le Pape a dû le croire avec plus de certitude , que si l'acte eût été sous ses yeux & entre ses mains. Sans doute donc que , pour obliger l'entendement à se soumettre , & à croire ce qui ne tombe pas sous les sens , la révélation divine n'a pas plus de force qu'un écrit *signé par le Roi*. Etrange décision ! mais c'est une conséquence du grand secret dont nous avons parlé plus haut.

Le vrai pourtant , c'est que cet acte de démission en bonne & due forme , qu'on assuroit si fort devoir arriver aux premiers jours , cet acte n'a jamais paru. Le vrai encore , c'est que, pour avoir eu le courage de répondre à la Cour , qu'après bien des informations & toutes les recherches imaginables , les Jésuites avoient été trouvés innocents de tous les crimes qu'on leur imputoit , ce saint & digne Archevêque , pour prix de sa sincérité vraiment sacerdotale , a été déposé de son Siege par ordre de la Cour , a vu son dais tiré de sa Cathédrale , & son temporel saisi ; n'ayant , à l'âge de plus de quatre-vingts ans , d'autres ressources que les charités volontaires des Fideles; mais dédommagé de ce qu'on lui a ôté par la consolation d'avoir obéi à Dieu , &

n'avoir point offenſé le Roi, & de ne s'être point manqué à ſoi-même. De tout cela que conclure, ſinon qu'il eſt évident que M. de Carvalho a voulu ſurprendre le Pape, par la prétendue démiſſion & par la nomination d'un nouvel Archevêque ?

Voilà en ſubſtance tous les affronts que le Miniſtre de Liſbonne prétend avoir reçus de la Cour de Rome. Voilà en même temps les titres juſtificatifs de la rupture qu'il a ménagée entre le Souverain Pontife, pere commun de tous les Fideles, & un Prince Catholique, ſon fils. Que ce Miniſtre ait voulu rompre avec le S. Siege, on n'en eſt point ſurpris, on devoit s'y attendre ; mais qu'il rejette la faute de la rupture ſur les Miniſtres de Sa Sainteté, & qu'il prétende nous perſuader par les frivoles raiſons de ſon Manifeſte, c'eſt de quoi l'on ne peut aſſez s'étonner : comme ſi, parmi tant de lecteurs, il n'eût dû ſe trouver perſonne en état de raiſonner un peu plus juſte ſur les faits ; & de voir que l'emphaſe, l'hyperbole, & l'appareil des bruyantes épithetes ne ſauroient tenir lieu de raiſons. Nous le diſons encore : aſſurément les Miniſtres de la Cour de Rome font très - fort difpenfés de rien dire ou écrire pour leur propre défenfe. A s'en tenir à ce qu'allegue M. de Carvalho dans fon Manifefte, on fe verra conduit à des conféquences toutes contraires à celles qu'il en prétend tirer.

Qu'il nous foit pourtant permis d'ajouter fur ce Manifefte quelques réflexions, bien propres à démontrer combien la Cour de Rome étoit éloignée de vouloir rompre avec celle de Portugal.

Tout ce qu'on veut prouver dans le Manifefte fe réduit à un point, favoir : Que la Cour de Rome a déclaré la guerre au Roi Très - Fidele, parce qu'elle a pris fous fa protection les Jéfuites, qu'il regarde comme fes ennemis. Toute la preuve, ce font les quatre à cinq faits que nous venons d'expofer.

On ne peut nier fans doute que le Pape & fes Miniftres n'honorent les Jéfuites en général d'une fpéciale bienveillance. Mais cette bienveillance éclairée n'embraffe point ceux d'entr'eux en particulier qui fe fuffent attiré & euffent mérité l'indignation de Sa Majefté Très Fidelle, ou tels autres qui par quelque endroit fe fuffent rendus indignes du nom de Jéſuites. On ne doute pas même que des faits en queſtion, fondés d'ailleurs ſur la juſtice, dans leſquels les Jéſuites n'ont pas eu la moindre influence, dont ils n'avoient pas même la moindre connoiſſance, que de ces faits, dis-je, on ne puiſſe tirer quelque preuve de cette bienveillance qu'on ſuppoſe, & qu'aſſurément nous ne nions point. Mais la vérité eſt, qu'eu égard à la ſituation critique où les Jéſuites ſe trouvoient, ce qu'on a fait pour eux eſt bien peu de choſe, ſi on le compare à ce que les circonſtances exigeoient, à ce qu'on pouvoit faire en toute équité, à ce qu'on eût certainement fait, ſi le Pape eût laiſſé agir le penchant de ſon cœur, au lieu de le retenir par une ſcrupuleuſe attention à ne point aigrir la Cour de Portugal. Qu'on la faſſe donc cette comparaiſon, pour être mieux en état de juger ſi le Miniſtre de Lisbonne a raiſon de ſe plaindre, ou ſi l'on ne doit pas plutôt admirer l'infinie condeſcendance de la Cour de Rome pour celle de Portugal.

On écrivit une lettre au Nonce en Eſpagne, pour démentir une multitude de calomnies qu'on répandoit de tout

côté contre les Jésuites. On fit défense
(si pourtant on la fit) à tous les Imprimeurs de Rome en général d'imprimer les libelles qui les contenoient. On
fit mettre en prison le Libraire qui les
débitoit, & l'on exila un Frere Lai
pour la même raison. Voilà en somme
tout ce qu'on a fait pour la défense
de l'honneur des Jésuites ; tandis qu'ils
étoient en butte aux satyres les plus
sanglantes, & qu'ils souffroient en silence la plus cruelle oppression de la part
de leurs ennemis.

N'eût-il pas été juste encore d'empêcher
efficacement l'impression de ces livres ,
qui , à la honte de la prohibition, parois-
soient tous les jours à Rome, & de Rome alloient infecter l'univers ? le Pape
n'eût-il pas pu l'arrêter efficacement,
s'il l'eût voulu ? Les presses travailloient
dans le Palais de l'Ambassadeur de Portugal , il est vrai ; mais les Auteurs ,
les Imprimeurs , les Colporteurs n'en
étoient pas moins sujets du Pape : Sa
Sainteté pouvoit donc leur faire éprou-
ver toute la sévérité des loix. On a
pourtant fermé les yeux, & laissé tous
les contraventeurs jouir de l'impunité ,
par cette unique raison que les con-
traventions se commettoient comme à
l'ombre du Portugal.

Dira-t-on que les auteurs & les complices de ces infamies se sont tenus bien cachés, & que par cette raison on n'a pu procéder contre eux ? En bonne foi paroît-il fort croyable que le Magistrat ne sût pas venu à bout de les déterrer, s'il l'eût entrepris ? Mais soit. En ce cas, on pouvoit au moins défendre des livres de cette espece dans la Congrégation de l'Indice. On y traite ainsi des livres bien moins pernicieux. Il suffit quelquefois qu'un ouvrage touche à la réputation d'un seul particulier, pour être mis à l'Indice. A combien plus forte raison devoit-on défendre ceux qui, en noircissant quantité de particuliers, s'en prennent encore à tout un Corps Religieux, qu'on a regardé jusqu'à présent comme un des plus exemplaires, & des plus utiles à l'Eglise ? Le Saint Pere ne manquoit pas de forts déterminatifs pour en ordonner la défense. Des Cardinaux & des Evêques distingués par leur zele & leur crédit l'ont pressé plus d'une fois sur ce point. L'exemple de l'Inquisition d'Espagne, l'usage constant de Rome, la justice de la cause ne l'y excitoient pas moins. Malgré tout cela, bien instruite qu'à Lisbonne on ne manquoit point de donner un mauvais tour à tout ce qui fe faifoit à Rome en faveur des Jéfuites, Sa Sainteté s'eft fait violence à elle-même ; &, de peur de fournir un prétexte de plus à de nouvelles plaintes, elle a toléré le cours de ces infames brochures, fans autre défenfe que celle que portent avec eux de leur nature les libelles diffamatoires.

Il y a plus. On n'ignoroit point à Rome le ténébreux réduit où la calomnie forgeoit cette nuée de traits contre les Jéfuites. On favoit précifément les inftants & le lieu des rendez-vous. On connoiffoit par nom & par furnom tous ceux qui compofoient la malheureufe affemblée dont on voyoit fortir chaque jour des productions également funeftes & à la Compagnie & à l'Eglife. Quel Prince eût jamais fouffert dans fa capitale des complots fi pernicieux, & ne les eût pas étouffés dès leur naiffance, comme les bonnes regles le demandoient ? Il paroît même que le Souverain Pontife étoit encore plus obligé à le faire, étant bien informé que ces gens - là fouffloient continuellement le feu de la difcorde, peu en peine de compromettre le Saint Siege, & de faire naître la divifion entre le Sacerdoce &

l'Empire, pourvu qu'à ce prix ils vinf-
fent à bout de ruiner les Jéfuites. On
pouvoit auffi avec juftice fufpecter la
foi de ces Meffieurs, étant très-notoire
qu'ils agiffoient de concert & qu'ils
étoient parfaitement d'intelligence avec
les fectateurs de Janfenius. De quelque
côté qu'on prenne la chofe, il eût été
très - prudent de détruire cette dange-
reufe clique, qui ne vouloit que du trou-
ble. Or, pour un Prince qui réunit en
fa perfonne l'un & l'autre pouvoir, quoi
de plus aifé que de fe défaire de quatre ou cinq Prêtres & d'une poignée
de Moines, & de les faire tous difpa-
roître du jour au lendemain ? Ce ne fut
pas faute d'y penfer : mais, comme les
fourbes fe donnoient pour fujets de Portugal, dont ils avoient pour ainfi dire
endoffé les livrées, Sa Sainteté pouffa
les égards pour tout ce qui portoit ce
nom, jufqu'à fufpendre fes réfolutions
les plus équitables, & à fouffrir, comme
elle fait encore, que ces factieux enhardis
par l'impunité marchaffent tête levée
dans Rome. Les attentions du Pape pour
le Roi de Portugal pouvoient-elles aller
plus loin ? Ce n'eft pourtant pas tout.

Tout Rome a connu & fupporté le
Commandeur d'Almada, autrefois Ca-

mérier d'honneur de Sa Sainteté , &
enfuite Ambaſſadeur du Roi de Portugal : nous n'en ferons donc point le por-
trait. Nous nous contenterons de dire
que mal - aiſément trouveroit - on un
homme moins propre à foutenir un tel
perſonnage , à repréfenter une Tête
couronnée, & à manier des affaires auffi
délicates qu'importantes. Sans doute il
avoit oublié les bons offices que les
Jéfuites lui rendirent dans des temps
pour lui moins heureux. Du moins affec-
toit - il en toute occaſion de marquer
pour eux une haine mortelle ; & , quoique foñ caractere dût l'engager à ca-
cher ſa paffion , il la faifoit triompher
dans tous fes propos. On en fut excé-
dé , juſques-là , qu'à la réferve de fes
Portugais , ou naturels ou adoptifs, il
ne fe trouva plus perſonne qui voulût
avoir avec lui quelque rapport. A l'entendre , amis des Jéfuites & ennemis
du Portugal n'étoit qu'une même chofe ; & fuffent-ils même Cardinaux, il
n'en parloit qu'avec le dernier mépris..
On eſt informé qu'il voulut perfuader
à une Dame illuſtre par fa vertu &
par fon nom , que les abfolutions des
Jéfuites font invalides : mais la prudence d'un vertueux Dominicain la dé-

trompa bientôt. M. d'Almada fit un crime capital à un Portugais d'entendre la Meſſe dans l'Egliſe des Jéſuites. Il étoit homme à dépêcher des Courriers à Liſbonne, pour y porter les plus minces nouvelles des Caffés, vraies ou fauſſes, pour peu qu'elles fuſſent propres à rendre les Jéſuites toujours plus odieux au premier Miniſtre. D'autre côté, le furieux Dom Antonio, ci-devant Moine de l'Araceli, enſuite Chapelain de Malthe, l'emportoit encore ſur M. d'Almada, dont il étoit Secretaire ; & tous deux de concert, au lieu d'amener les choſes à quelque honnête arrangement, mettoient tout en œuvre pour le rendre impoſſible, & pouſſoient tout aux dernieres extrêmités.

Sa Sainteté comprit bien qu'un homme de cette trempe n'étoit pas ce qu'il falloit aux beſoins préſents ; & par cette raiſon, écrivit au Roi, pour l'engager à rappeller M. d'Almada, en lui donnant un ſucceſſeur plus modéré & plus traitable. C'eſt là un point qu'un Souverain accorde avec toutes ſortes de facilités à un autre Souverain, qui lui en fait la demande. Mais à celle du Pape, point de réponſe. Ce fut alors que M. d'Almada, outré de dépit pour cette démarche, qui, à la vérité, ne lui faifoit pas beaucoup d'honneur, alla jufqu'à dire nettement qu'il ne vouloit plus traiter avec le Cardinal Torrigiani, Secretaire d'Etat, & qu'on eût à lui affigner un autre Cardinal avec qui il pût conférer fur les affaires courantes. La prétention étoit bien extraordinaire, elle avoit même quelque chofe d'indécent. Sa Sainteté pourtant, réfolue de pouf-fer la condefcendance jufqu'où le per-mettroient le devoir & l'honneur, efpé-rant par-là d'adoucir l'efprit aigri de l'intraitable d'Almada, accorda de bon-ne grace ce qu'il demandoit, & lui donna le Cardinal Cavalchini, qui par fa prudence, fon affabilité, fa politef-fe, lui étoit devenu fpécialement cher. L'Ambaffadeur auffi en parut quelque temps fatisfait ; ce qui ne l'empêcha pourtant pas à la premiere occafion de faire une nouvelle infulte au Pape, com-me on va le voir.

Le Bref dont nous avons parlé ci-deffus étant tout dreffé, & les lettres du Pape étant prêtes, on en fit, avec quelques nouvelles inftructions pour le Nonce en Portugal, un feul paquet, & l'on dépêcha un Courrier extraordinai-re pour le lui porter. Voilà que M. d'Al-

mada se pique de nouveau, & se plaint
hautement qu’on ne lui ait point com-
muniqué les dépêches, & qu’elles soient
parties du bureau du Secretaire d’Etat,
au lieu d’être expédiées par son ordre
de lui Ambassadeur. Peu d’heures après
il fait partir un Courrier à lui, qui
atteint le Courrier du Pape dans une
ville de France, & fait tant par ses
raisons, mais plus encore par son or,
qu’il lui persuade de prétexter une chûte
qui lui rende impossible le reste de sa
course. Il se fait donner le paquet, qu’il
porte en droiture au premier Ministre.
Celui-ci, après l’avoir ouvert, après en
avoir lu les pieces tout à son aise, le
fait enfin remettre au Nonce. C’est ainsi
que la chose fut racontée dans le temps.
Personne à Rome qui ne reconnût là
un violement manifeste de la foi publique & du droit des gens. Le Pape le
reconnut encore mieux; & néanmoins
toujours ferme dans le parti pris d’éviter toute occasion de dégoût pour la
Cour de Portugal, Sa Sainteté dissimula
l’injure, accorda le pardon au Courrier, dont l’infidélité méritoit châti-
ment, & ne voulut pas même qu’on
le mît à la question pour lui arracher
la vérité.

De ce moment Sa Sainteté porta encore plus loin qu'auparavant fa complaifance pour les deux Miniftres irrités, Carvalho & d'Almada. Le Bref reftreint au cas préfent avoit déplu à M. de Carvalho; il l'avoit renvoyé, en demandant qu'il fût perpétuel : Sa Sainteté le fit expédier perpétuel; &, de peur que M. d'Almada ne s'avisât encore de fe piquer, Sa Sainteté voulut qu'on lui en montrât la minute. Il forma quelques petites difficultés fur quelques expreffions : les corrections furent faites à fon gré. Comme cependant, après ces corrections, il ne pouvoit encore s'affurer, difoit-il, qu'il dût agréer à la Cour, il demanda qu'il lui fût permis d'y envoyer cètte minute, pour favoir s'il y auroit encore des changemens à faire. On y confentit ; elle fut envoyée. Mais, au lieu des remercimens qu'on étoit en droit d'attendre, on reçoit cette froide réponfe : Que le Roi eft actuellement occupé à des parties de chaffe, & qu'on examineroit le Bref à loifir.

Après tant d'empreffement, on fut bien étonné de tant de froideur, dont on ne pouvoit pénétrer la caufe. Parmi les perfonnes éclairées il en fut qui penferent que M. de Carvalho ayant fondé le prétexte de la rupture, qu'il méditoit, sur le refus qu'on lui feroit sans doute d'un Bref perpétuel, il étoit maintenant très-fâché qu'en le lui accordant on le mît hors de mesures. Il paroît au moins que tant d'ardeur d'abord & ensuite tant d'indolence couvroit quelque mystere. Quoi qu'il en soit, le Saint Pere faisant des graces, qu'on avoit sollicitées avec tant d'instances, avoit droit, comme nous avons dit, de s'attendre à toute autre chose qu'à cette espece de mépris ou de dédain. Sa Sainteté pourtant voulut bien encore oublier ce qu'un procédé pareil avoit de désobligeant, & n'en fit même aucune plainte. Même bonté à recevoir, même patience à écouter encore M. d'Almada autant de fois qu'il vouloit audience.

Quelle n'est donc pas après cela la surprise, d'entendre M. d'Almada se plaindre encore *qu'on lui ferme tous les canaux par où il eût pu faire parvenir jusqu'au Trône Pontifical les intentions de Sa Majesté Très - Fidelle !* Qu'avoit-il à faire de canaux ? ne pouvoit-il pas y porter lui-même tout ce que sa Cour le chargeoit d'y porter ?

Autre preuve de bonté de la part du

Pape : non contente d'avoir permis, par un exemple rare, à l'indigne Dom Antonio d'abandonner le Cloître, & de quitter l'habit de Saint François, Sa Sainteté ordonna encore à la Daterie de lui expédier les Bulles d'un riche Canonicat à Coimbre.

De tout ce que nous avons rapporté jusqu'ici on ne peut se dispenser de conclure que, si Sa Sainteté a donné quelques marques de son affection pour les Jésuites, elle a montré de bien plus grands égards encore pour la Cour de Portugal, & pour son Ambassadeur à Rome une patience plus qu'héroïque.

Cette patience, il est vrai, ne put durer toujours. On en vit le terme lorsque le Pape obligea M. d'Almada à sortir de Rome & de l'Etat de l'Eglise. Mais Sa Sainteté n'en vint là qu'après avoir appris avec quelle ignominie & quelle violence on avoit chassé son Nonce de Portugal. Encore cette insulte n'eût-elle peut-être pas suffi pour faire prendre au Pape une résolution si juste, s'il n'y eût été comme forcé par l'impolitesse, ou plutôt par l'arrogance & l'orgueil insoutenable que faisoit paroître M. d'Almada dans les placards affichés par son ordre. Dans cette ren-

contre encore brilla toute la modéra-
tion de Sa Sainteté, puisque l'on eut
tous les égards dus au Souverain que
repréfentoit M. d'Almada. Pour le con-
gédier, on n'ufa que de politeffe ; bien
éloigné de prendre pour modele la maniere dont Lifbonne venoit de traiter
le Cardinal Nonce Acciaioli. A Rome,
comme à Lifbonne, on eût pu feindre
une émeute populaire, on eût pu dire
qu'il falloit mettre à couvert de toute
infulte la perfonne de l'Ambaffadeur ;
&, en conféquence de ces fuppofitions,
le faire conduire par une bonne efcorte
jufqu'à la frontiere. Manquoit - on de
foldats pour l'y accompagner ?

Mais étudions encore le Manifefte,
& continuons à voir le but qu'on s'y
propofe. De ce que Sa Sainteté a inter-
pofé fes bons offices auprès de Sa Majefté Très-Fidelle, pour que les préten-
dus coupables ne fuffent pas punis de
mort, M. de Carvalho en conclut dans
Sa Sainteté une affection outrée pour
les Jéfuites. Il faut donc qu'il ne fe fou-
vienne pas, qu'en même temps que le
Pape implore en leur faveur la clémence
du Roi, il lui envoie auffi la permif-
fion de les faire mourir ; qu'il la lui envoie très-librement & de fon plein gré,

pouvant abſolument la refuſer ; qu'il
l'envoie , malgré mille motifs de la
refuſer en effet , malgré la répugnance
infinie qu'éprouvoit ſon cœur paternel
en l'accordant. Si donc on veut raiſonner juſte , il faut dire que , quelque
grande que pût être l'affection du Pape
pour les Jéſuites , ſon deſir de ſatisfaire
la Cour de Portugal étoit bien plus
grand encore. La preuve ſe tourne donc
contre M. de Carvalho.

Il en apporte encore une autre de la
partialité du Pape ; c'eſt que Sa Sainteté a voulu détourner le Roi du deſ-
ſein où il étoit d'exiler tous les Jéſuites ſans exception ; en quoi M. de Carvalho trouve (ce ſont ſes termes) *une
témérité exceſſive*. Il prétend , en outre,
que c'eſt là s'ingérer dans le Gouvernement politique du Royaume. Il ne penſe
donc pas que , dans ce bon office, Sa
Sainteté n'eut peut-être pas moins en
vue le bien général des Etats de Portugal , que l'avantage particulier des
Jéſuites. Il ne penſe pas que Sa Sainteté s'en tint à des prieres & à des conſeils ; choſe ſi permiſe à quiconque , &
apparemment permiſe auſſi au Vicaire
de Jesus-Christ. Il ne penſe pas enfin
que Sa Sainteté ne ſe porta point d'elle-
même

même à ce bon office ; mais qu'ayant à répondre au Roi , qui lui notifioit ſes deſſeins ſur ce point , elle ſe vit obligée de lui en marquer ouvertement ſon avis.

Quant au Gouvernement politique , M. de Carvalho eût agi, ce ſemble, beaucoup plus prudemment de ne pas toucher à cet article , qui ſeul fourniroit bien des choſes à dire. On ne diſpute point à un Souverain le droit d'exiler de ſes Etats les perturbateurs publics , fuſſent - ils Prêtres ou Religieux. Mais M. de Carvalho prétendra-t-il étendre ce droit à un nombre quelconque de Religieux & de Prêtres , & le porter juſqu'à les chaſſer tous à la fois? Qui ne voit qu'ôter tout d'un coup à un Royaume & Prêtres & Religieux , c'eſt, par une ſuite néceſſaire , lui enlever la Religion ellemême? Quoi donc! en pareil cas, le Souverain Pontife, à qui JESUS-CHRIST a confié le ſoin du troupeau dans tout l'univers, le Souverain Pontife devra ſe contenter d'être le témoin de l'exil de tous les Miniſtres des Autels ; & s'il veut ſe mêler de cette affaire , on pourra dire qu'il s'ingere mal-à-propos dans le Gouvernement, ſur un article qui ne le regarde point?

E

Mais, sans nous arrêter davantage à ces réflexions, à qui M. de Carvalho fera-t-il croire que plus de quinze cents Jésuites exilés des Etats Portugais étoient tous en général & chacun en particulier des perturbateurs du repos public? Il s'agit ici, comme on voit, d'un nombre considérable de Religieux. Il s'agit de cette espece de Religieux dont les travaux contribuoient le plus à faire fleurir la piété parmi les Fideles, à étendre la Foi parmi les Barbares. Il s'agit d'une foule de Missionnaires envoyés, par l'autorité du St. Siege, dans les contrées incultes de l'Amérique, pour y annoncer l'Evangile. Or voilà maintenant que tous ces Religieux ensemble sont exilés. Le fait est certain. Pour les raisons, on n'en sait autre chose que ce qu'il plait à un Ministre très-suspect d'en alléguer dans les Edits du Roi. La ruine de ces Missions & de cette nouvelle Chrétienté paroît inévitable, à moins que par de nouveaux Ouvriers Evangéliques on ne supplée au zele des premiers ; à quoi on ne voit pas bien que M. de Carvalho s'empresse de pourvoir. Il n'est donc pas si certain, si prouvé que, dans une affaire de cette importance pour la

Religion, le Chef de l'Eglise univerſelle n'eût pu intervenir ; & que s'il l'eût fait, on eût été fondé à décider hautement que, par *une exceſſive témérité*, le Saint Pere eût voulu s'ingérer dans le Gouvernement politique de Portugal. Mais nous n'en ſommes pas là ; puiſque, ainſi que nous l'avons dit, Sa Sainteté, préciſément pour ne pas donner de nouveaux ombrages à la Cour de Portugal, s'eſt bornée aux conſeils & aux prieres.

C'eſt par cette même raiſon que Sa Sainteté n'a pas jugé convenable de fulminer aucun Monitoire contre le Miniſtre, pour tant de violemens des Immunités Eccléſiaſtiques dont il s'eſt rendu coupable devant Dieu, & dont il eſt comptable à l'Eglise. Le Souverain Pontife eût pu lui montrer, comme prêts à être lancés, ces foudres ſi redoutés par-tout où regne la vraie Foi. Il ne l'a pourtant point fait, de peur d'augmenter la confuſion dans ce Royaume. Autrement, comment M. de Carvalho s'y fût-il pris pour juſtifier l'empriſonnement de tant de Religieux, à nombre deſquels lui-même n'a pu imputer d'autre crime que celui d'être Jéſuites, ou d'avoir admi-

niftré les revenus de leurs maifons ;
pour excufer la dépofition d'un Archevêque, & l'injufte violence employée
contre un Nonce Apoftolique ? Eft-ce
donc que l'exil des Jéfuites a fait changer
de nature aux biens Eccléfiaftiques qu'ils
poffédoient ? N'eft-ce pas au Pape qu'il
appartient d'en difpofer ? Le Pape
n'auroit-il pas pu, par l'intermination
des Cenfures, obliger M. de Carvalho
à fournir au moins le néceffaire aux
exilés le refte de leurs jours ? Pour qu'il
puiffe trouver fur tous ces points quelque moyen de défenfe, le droit du
Souverain Pontife en cette matiere eft
trop évident ; & trop claires font auffi
les difpofitions des Saints Canons, dont
le Pape eft le vengeur & le protec-
teur fuprême. Malgré tous fes droits,
Sa Sainteté a toléré tant d'atteintes à
l'Immunité Eccléfiaftique. Elle n'a pas
voulu en ufer de ces droits, elle n'en
a pas même fait mention.

Que l'on compare donc encore un
coup ce qu'a fait le Saint Pere avec ce
qu'il pouvoit faire de plus en faveur des
Jéfuites, & pour le maintien même de
fon autorité. De ce côté de la balance
qu'on ajoute fes complaifances pour la
Cour de Portugal, & fon invincible

patience pour tous les dégoûts, ou plutôt pour tous les affronts qu'il en a reçus ; & qu'enfuite le Public prononce fi un Pape, qui a eu tant d'égards pour le repos de ce Royaume & pour les vues du Monarque, peut avec juftice être feulement foupçonné d'avoir voulu rompre avec le Portugal.

Nous oferons bien le dire : fi l'on pouvoit faire à Sa Sainteté quelque reproche, ce feroit d'avoir, ufé de trop d'indulgence, d'avoir eu trop de ménagements pour cette Cour. Mais l'importante réflexion, que cette conduite pourroit conferver tout un Royaume à la Religion Catholique, ne lui permettoit pas de s'aftreindre en toute rigueur aux autres devoirs, fubordonnés à ce premier. C'eft cette vue qui fera fa confolation devant Dieu, &, s'il en étoit befoin, fa juftification devant les hommes. M. de Carvalho ne s'en efforce pas moins de nous perfuader que la Cour de Rome a voulu rompre avec le Portugal, & que de plus elle a été la premiere à lui déclarer formellement la guerre. Il le décide nettement dans fon Manifefte. Mais heureufement il a oublié de faire *figner* cette décifion ; ainfi permis à nous d'en douter encore.   E iij

Ce doute pourtant n'accommodera point M. d'Almada, si conforme, dans sa façon de penser, à celle de M. de Carvalho, son bienfaiteur & son parent. Ce sage & prudent Ambassadeur, supposant aussi cette belle déclaration de guerre, quand il fit publier à Rome le Manifeste dont nous avons parlé jusqu'ici, l'appuya d'un placard à la porte de l'Hôpital de la Nation Portugaise. Placard en vérité terrible & foudroyant ! car il y menaçoit la Cour de Rome de la priver au plutôt de sa présence, & d'ordonner à tous Portugais de sortir sans délai des Terres du Pape. Mais ensuite, se flattant (on ne sait trop sur quoi) que la Cour de Rome viendroit sans doute le prier à genoux de ne point l'abandonner, & de là espérant aussi follement qu'elle accéderoit à quelque proposition que ce fût, à condition seulement qu'il voulût bien ne pas partir ; il se ravisa tout-à-coup, jugea à propos de suspendre l'effet de ses menaces, & fit enlever son placard. Ce ne fut pourtant que pour lui en substituer un autre encore pire, par lequel il notifioit qu'il étoit prêt à rester encore, sur la confiance assurée que Sa Sainteté feroit

inceſſamment au Roi ſon maître tou‑
tes les ſatisfactions convenables , pour
les affronts que Sa Majeſté avoit re‑
çus coup ſur coup du Cardinal Torri‑
giani & des Jéſuites de Rome ; affronts
dont , à ce qu'il aſſuroit , *l'Europe en‑
tiere avoit été ſcandaliſée.*

De quels affronts parle‑t‑il ? On l'ignore.
Quelles ſatisfactions exigeoit‑il ? On le
devineroit encore moins. Sans doute
il aura demandé qu'on ôtât au Cardi‑
nal ſon emploi , & qu'on abolît & dé‑
truisît pour toujours la Compagnie ,
& cela promptement , toute affaire
ceſſante , ſans quoi M. l'Ambaſſadeur
partoit. Pouvoit‑il demander moins ?
N'étoit‑ce pas ce Cardinal Torrigiani ,
*dont l'animoſité extraordinaire , ſcanda‑
leuſe & inouie* (ce ſont les termes du
placard) *étoit montée à un tel excès que
de déclarer la guerre à S. M. T. F.
en perſonne ?* M. d'Almada montroit
donc aſſez de diſcrétion , en n'exigeant
autre choſe , ſinon qu'on deſtituât le
Cardinal de ſon emploi.

Quant aux Jéſuites , n'a‑t‑on pas
décidé ſolemnellement , dans les Edits
*ſignés par le Roi, qu'ils ſont corrompus
d'une maniere déplorable, non ſeulement
dans les particuliers,* comme il arrive

quelquefois à d'autres Religieux, *mais encore dans tout le Corps en général ; & que cette corruption invétérée est sans remede ?* La chose ne peut donc aller autrement , & ce seroit un blasphême horrible que de disputer là dessus. Il faut donc anéantir un Ordre si pervers ; d'autant plus qu'il n'est gueres d'autre moyen de l'empêcher de retourner encore en Portugal , & que cet article est d'une extrême importance.

Tel étoit le projet du premier Ministre. C'est trop peu de chose pour lui d'avoir détruit , par-tout où se fait sentir son autorité , la Compagnie de JESUS; ce qui pourtant devroit bien lui suffire. Mais, quand même on lui eût accordé tout ce qu'il lui avoit pris fantaisie de demander, cette facilité eût-elle empêché la rupture ? On ne sauroit se le persuader, lorsqu'on observe que tant de complaisances, tant de concessions n'ont pu la prévenir. Elle n'eût été tout au plus que différée ; & comme elle est une piece nécessaire au systême Anglican , on eût à coup sûr inventé quelque autre prétexte pour la faire. Alors, avec le regret d'avoir été complaisante au-delà des bornes du devoir & de l'équité , Rome eût encore eu la honte d'avoir été trompée. Avec de telles inftructions, M. d'Almada partoit toujours, & puis ne partoit plus.

Mais enfin toutes ces vues fi fecretes, toutes ces mefures fi bien prifes, dont quatre Courriers en moins de douze jours avoient apporté les inftructions à M. d'Almada, la divine Providence voulut qu'elles fe viffent tout-à-coup découvertes, dérangées, déconcertées par la fermeté du Pape, qui, oubliant pour un moment fa douceur naturelle, pour fe fouvenir enfin qu'il étoit Prince Souverain, & Prince outragé, ne jugea pas à propos de fouffrir plus long - temps un homme extrême en tout, qui ne connoiffoit aucunes bornes. M. d'Almada, bon gré malgré, fut donc contraint de fortir de Rome. Son Eminence le Cardinal Torrigiani continue à remplir avec la fatisfaction de Sa Sainteté & l'applaudiffement du Public l'emploi de Secretaire d'Etat, & la Compagnie de JESUS, felon toutes les apparences, furvivra à M. d'Almada, à M. de Carvalho, & à tous ceux qui la perfécutent aujourd'hui. Pleine de confiance en l'équité de Sa Majefté Très-Fidelle, en l'amour de la Nation Portugaife, elle ne perdra jamais l'efpérance de retourner un jour avec gloire dans un Royaume d'où l'on a prétendu la chaſ-ſer pour toujours avec tant d'ignominie. Que s'il arrivoit, ce qu'à Dieu ne plaiſe de permettre, que la rupture avec Rome causât quelque préjudice à la Religion dans le Portugal, le Saint Pere au moins ni ſes Miniſtres n'auront là deſſus aucun reproche à ſe faire, & Rome en ſouffrira bien moins que le Portugal.

Ici devroient finir nos Obſervations. Qu'on ne penſe cependant pas que nous ayions oublié le Nonce Cardinal Ac-ciaioli, autre Miniſtre de S. S. ſur lequel M. de Carvalho fait tomber une grande partie de ſes plaintes : plaintes vagues & ſans aucun fondement. Au défaut de faits qu'on pût alléguer contre lui dans le Manifeſte, on ne l'y accuſe que de n'avoir pas donné dans ſon Palais les marques accoutumées de réjouiſſance à l'occaſion du mariage du Séréniſſime Infant. Or, de cette omiſſion, le Cardinal s'en eſt aſſez juſtifié dans un écrit que le Secretaire d'Etat a rendu public.

Pour nous, n'ayant trouvé aucune preuve de fait qui eût beſoin de défenſe, nous avons cru ne devoir faire aucun cas des paroles : paroles les plus outrées, expreſſions de la plus grande force , il eſt vrai. On ne parle que *d'attentats horribles , d'inſultes publiques , de menées clandeſtines , témeraires & ſeditieuſes , d'abſurdités ſur abſurdités , d'excès , de ſcandales , qui ont jeté dans l'étonnement l'Europe entiere , & même tout le monde Chrétien.* Mais paroles , après tout , pures paroles , qui ne prouvent du tout rien. Nous pouvons donc les regarder comme des brillants & des ornements dans le ſtyle , auxquels M. de Carvalho a accoutumé nos oreilles , & qui ne font plus la moindre impreſſion.

Perſonne n'ignore que les grandes qualités du Cardinal Acciaioli , ſon intégrité , ſa ſageſſe , ſa prudence le rendirent conſtamment agréable à la Cour de Portugal , lui gagnerent même la confiance du premier Miniſtre , juſqu'au moment où commencerent contre les Jéſuites ces procédures ſi irrégulieres & ces violences ſi notoires, que le Cardinal n'avoit garde d'approuver. Voilà toute ſa défenſe

Au reſte , à s'en tenir au Manifeſte même , tout le crime du Cardinal , c'eſt d'avoir exécuté fidelement toutes les commiſſions dont ſa Cour le chargeoit, d'avoir préſenté les lettres & les mémoires qu'il en recevoit pour celle de Portugal. C'est en substance à quoi se réduit tout ce qu'on lui impute dans le Manifeste. On y avoue, peu s'en faut qu'on ne s'y glorifie d'avoir violé les droits les plus sacrés de la foi publique, en interceptant les lettres du Nonce. On nous apprend, dans le sommaire du Manifeste, que très-souvent on a fait les plus fortes représentations à S. S. pour l'engager à rappeller sans délai le Cardinal Acciaioli ; tandis qu'il est très-notoire que, dès le temps de la promotion des Cardinaux, Sa Sainteté ayant voulu le rappeller, la Cour de Portugal ne le permit point, & refusa obstinément une année entiere d'entendre à aucune proposition sur le choix d'un successeur à la Nonciature. Tellement qu'il est de la derniere évidence que la Cour de Portugal n'a jamais voulu d'autre Nonce que le Cardinal Acciaioli, ou plutôt qu'elle ne vouloit point de Nonce.

Ainsi Dieu confond-il quelquefois les pensées des plus grands Politiques, sur-tout quand ils se proposent de tromper le Public & d'opprimer l'innocence. Ils tombent dans les contradictions les plus palpables. Leurs actions & leurs
paroles

paroles fe détruifent mutuellement.

Ainfi, de toutes les exagérations, de toutes les inconféquences, de toutes les fauffetés de ce Manifefle, on tire une juftification plus que fuffifante de la Compagnie de Jesus. Ainfi enfin fe vérifie cette parole de la Sageffe. *Il a dévoilé la fourberie de ceux qui voulurent la noircir. Mendaces oftendit qui maculaverunt illam.*

F I N.